KB215236

# 지금 당장 강연으로 N잡하라!

# 지금 당장 강연으로 N잡하라!

# N잡의 시대, 강사가 되고 싶다고요?

이제는 N잡의 시대입니다.

통계에 따르면 부업을 하는 취업자가 2024년 기준 월 평균 67만 6천 명[*]에 달한다고 합니다. 하지만 N잡을 꿈꾸는 이들의 속사정은 저마다 다를 것입니다.

"요즘 너무 답답해서 이것저것 알아보고 있어요. 퇴근 후 배달이나 대리운전을 해 볼까 했는데, 체력적으로 버틸 수 있을지 걱정되더라고요. 주식 투자는 리스크가 너무 크고, 유튜버가 되자니 젊은 세대들과 경쟁하기가 쉽지 않을 것 같고. 뭘 해야 할지 모르겠어요."

하늘 높은 줄 모르고 치솟는 물가와 동결된 연봉 사이에서 한숨 쉬며 부수입의 필요성을 절감한 분도 있을 테고, 다람쥐 쳇바퀴 돌듯 매일 반복되는 일상에 지친 나머지 새로운 도전으로 활력을 찾고 싶어 하는 분도 있겠지요.

........................................................................

[*] 출처: 통계청, 「경제활동인구조사」

"사실은 교단에 서는 게 꿈이었어요. 대학생 때 아르바이트로 과외를 했는데, 그때 아이들을 가르치는 것이 너무 즐거웠거든요. 하지만 현실적인 이유로 일반 회사에 취직했죠. 지금이라도 틈틈이 강의를 하면서 그때의 설렘을 다시 느껴보고 싶어요."

'먹고사니즘'에 밀려 접어 두었던 꿈을 펼쳐 보고자 하는 분도 있을 테고요. 실제로 부업을 병행하는 직장인 10명 중 4명은 '창업/이직 준비', '역량 강화'와 같은 이유로 부업에 뛰어들고 있다고 하니 만만치 않은 비율이지요?

하지만 정작 N잡에 도전하기 위해 책을 읽고 강의를 들어 보아도 선뜻 시작할 엄두가 나지 않거나 N잡에 관심은 있지만 딱히 구미가 당기는 것이 없어 '그냥 하던 일이나 열심히 하자.'고 생각해 왔다면, 어쩌면 당신은 이 책을 만나기 위해 기다려 왔던 것일지도 모르겠습니다.

자, 여기 당신의 본업에 날개를 달아줄 수 있는 일이 있습니다. 이 일은 투자 자금을 딱히 필요로 하지도 않고, 자격 요건을 엄격히 제한하지도 않습니다!

심지어 퇴근 후 정해진 시간에 꼬박꼬박 노력을 투입해야 하는 일도 아닌 데다가 실패해도 경력이 남고, 성공하면 스포트라이트와 박수를 받을 수 있으며, 두어 시간 노동으로 N백만 원의 수입을 올릴 수도 있는 일이지요.

세상에 그런 일이 존재하냐고요?
물론입니다!
이 일의 정체는 바로 강연입니다.

실제로 강연의 형태와 주제는 그 어느 때보다 다양해졌습니다. 기업체나 공공기관의 사내 교육부터 문화센터나 평생교육원의 교양 강좌까지 강연의 수요는 꾸준히 늘고 있습니다. 여기에 온라인 강의까지 가세하면서 시공간의 제약도 급격하게 줄어들고 있지요.

직장인들을 위해 저녁에 개설되는 강좌는 셀 수 없이 많고, 주말 특강 역시 증가하고 있습니다. 온라인 강연은 말할 것도 없지요. 강연자(강사)로 활동할 기회가 그만큼 늘어난 셈입니다.

'에이, 저 같은 사람이 무슨 강연을 해요.'

이런 생각이 드신다면, 잠시 글을 읽는 것을 멈추고 생각해 보세요. 최근 몇 주 사이, 가족이나 친구, 직장 동료들과 대화하면서 문제 상황에 처한 이들에게 나름의 해결책을 제시하거나 자신의 경험을 들려준 적이 있나요?

만약 그렇다면, 당신은 강연자로서의 자질과 재능, 자격까지 충분하다 못해 넘치도록 갖추고 있는 셈입니다.

"업무와 관련된 것이라면 그래도 해 줄 말이 있죠! 제가 회사의 인사팀에서만 7년째 근무하고 있으니까요."
"아이들 교육 문제라면 꽤 거들 수 있어요. 애 셋을 엄마표로 키웠고, 짧은 기간이었지만 학원 강사로 일한 경험도 있거든요."
"우울해 하는 친구들에게 감사일기 쓰는 법을 알려주곤 해요. 저는 감사일기를 쓰면서 삶이 바뀌었는데, 다른 사람들도 이 충만함을 느껴 봤으면 해서요."

주위 사람들에게 들려주었던 말을 모은 뒤, 사유와 탐색을 통해 개별 사례에 살을 붙이고, 자신만의 생각을 담아 색칠하고 포장해 보세요. 이것이 강연자로서 활동하게 될 당신의 초기 자본이 될 것입니다.

이 책은 한 번에 수백만 원의 강연료를 받는 방법이나 디지털 노마드로서 성공적으로 살아가는 방법을 알려 드리지는 않습니다. 하지만 이 책은 효과적인 강연(강의) 계획서 및 교안 작성법, 강사에게 필요한 홍보 방법, 지금 당장 강연처를 탐색하는 방법, 불안정한 강연을 개선하는 방법, 청중이 좋아하는 강연을 만드는 방법, 그리고 커리어를 유지·관리하며 발전해 나가는 방법 등을 전수해 드릴 것입니다.

여러분은 이 책을 통해 물고기를 직접 낚아 식사를 차리는 방법을 배울 수 있을 것입니다. 이렇게 방법을 터득한 후에는 부업으로 강연을 계속해 나갈 수도 있고, 본업과 연관된 강연을 통해 커리어를 쌓아 전문가로 인정받을 수도 있습니다. 혹은 강연을 발판으로 삼아 작가나 코치가 되어 삶에 변화를 주거나 강연을 기반으로 새로운 사업을 시작할 수도 있을 것입니다.

말과 글은 인간이 자신을 세상에 내보일 수 있는 가장 좋은 수단입니다.
당신을 세상에 드러내는 것을 두려워하지 마세요.

지금 이 순간에도 당신의 경험과 지식을 필요로 하는 수많은 청중이 당신을 기다리고 있을지도 모릅니다.

저자 정영은

## 일러두기

❶ 강연 시장에서 사용하는 용어는 사전적 의미와 다를 수 있습니다.

❷ 이 책에서 말하는 '교안'은 화면에 띄워 청중이 볼 수 있도록 하는 'PPT 자료'를 뜻합니다.

❸ 이 책은 강의와 강연, 강좌 등의 용어를 필요에 따라 적절히 선택하여 사용하고 있습니다.

❹ '강의'는 보다 체계를 갖춘 형태의 과정으로, 다회차 수업이나 실무 중심적 내용을 담은 수업을 의미합니다.

❺ '강연'은 일회성으로 진행되는 경우가 많고, 강의보다는 좀 더 대중적이고 포괄적인 내용을 다루는 수업을 의미합니다.

❻ '강좌'는 일정 기간 동안 강습을 하기 위해 여는 모임을 의미합니다.

# PART 1

# 누구나
# 강연을 할 수 있다

# 어떤 사람이 강사가 될까?

"강사는 어떻게 해야 될 수 있나요? 관심은 있는데 물어볼 곳이 딱히 없어서요."

강연을 시작하고, SNS를 통해 소식을 전하다 보니 조심스럽게 질문을 건네는 분들이 꽤 많았습니다. 어떤 이들은 그저 누군가의 앞에서 이야기하는 일에 대한 호기심으로 가볍게 질문을 던지기도 하지만, 또 어떤 이들은 '이런 것을 물어봐도 되는 것인가?' 하는 고민을 수도 없이 한 뒤에 초조한 마음을 간신히 억누르며 떨리는 목소리로 말을 건네기도 하지요. 손에는 힘이 꽉 들어간 채로 말입니다.

후자에 속하는 분들 중에는 '나도 언젠가는 청중 앞에 서고 싶다.'는 열망을 간직하고 있는 경우가 많습니다. 강사가 되는 것이 아주 오래된 꿈이라고 말하는 분들도 셀 수 없고요.

바야흐로 강연의 시대입니다.

성인이 된 후에도 더 나은 자신이 되기 위해, 그리고 더 나은 미래를 바라는 마음으로, 온라인과 오프라인을 가리지 않고 필요한 강연을 쉽게 찾아 들을 수 있는 시대가 되었습니다. SNS에서는 각 분야의 인플루언서들이 소규모 강의를 열기도 하고, 지역의 각종 기관과 도서관, 학교와 회사에서도 매 시즌 새로운 강의와 강연을 준비하기도 합니다.

이렇듯 강연은 이제 우리에게 그리 낯선 일이 아닙니다. 다만, 제가 받은 질문으로 미루어 짐작건대 대부분의 사람에게 '강연이나 강의를 시작하는 방법'은 여전히 감도 잡히지 않는 일임이 분명합니다.

온갖 정보가 가득한 인터넷을 뒤져 보아도 '강연을 잘하는 법'에 대한 정보는 많지만, '강연을 시작하는 방법'에 대한 정보는 부족하니 답답할 수밖에 없지요. 하지만 저는 강사라는 직업만큼 쉽게 시작할 수 있는 일도 없다고 생각합니다.

강사가 되는 방법은 간단합니다.
강연을 팔면 됩니다! 강사는 강연을 파는 사람이니까요.

그러니 팔 수 있는(청중이 듣고자 하는) 강연이 준비되어 있다면, 사실 이미 모든 준비는 끝난 것이나 마찬가지입니다. 강연 계획서 작성법, 교안 작성법, 강연 잘하는 법, 기관에서 강연 제안 받는 법, 온라인 강의를 론칭하는 법 등의 기술적인 테크닉은 일단 시작한 뒤, 하나씩 배워나가도 아무런 문제가 없습니다.

가장 중요한 것은 '무엇을 팔 수 있느냐?' 하는 것입니다. 겉보기에는 별 것 아닌 것처럼 보여도 이 질문은 사실 매우 중요한 의미를 지니고 있습니다.

자신이 팔 수 있는 강연이 아무리 훌륭하다고 한들 청중이나 기관이 찾지 않는 주제라면 공허한 메아리에 불과할 것입니다. 반면, 자신이 팔 수 있는 강연이 조금 어설프고 부족하더라도 사람들이 갈급하게 찾는 주제라면 순식간에 유명 강사가 되어 전국을 무대로 종횡무진 달리게 될 수도 있겠지요.

그래서 저는 '강사가 되고 싶다.'며 조언을 구하는 이들에게 "어떤 강연을 하고 싶으신가요?"라고 되묻곤 합니다. 이때, 사람들의 대답은 크게 두 가지로 갈립니다.

### 원대한 꿈을 논하지만, 추상적이고 제대로 끝을 맺지 못하는 대답

사람들이 행복했으면 좋겠어요. 젊은 사람들은 꿈도 크게 꿨으면 좋겠고, 어쨌든 모두 괜찮다고 말해 주고 싶어요. 우리는 모두 지금 이대로도 훌륭하잖아요? 일을 하지 않아도, 꿈이 없어도, 그 자체로 훌륭해요. 그래서 이 땅의 모든 청춘들에게 지금 잘하고 있다고 위로해 주고 싶고, 용기를 주고 싶어요. 그래서 치유하고 서로 마음을 나눌 수 있는 그런 따뜻한 강연을 생각했거든요. 그래서….

### 조금 식상하더라도 명확하게 한 문장으로 끝나는 대답

주식을 잘 모르는 사람들에게 배당주의 매력을 알려주고 싶어요.

자, 강사가 될 확률이 더 높은 사람은 누구일까요?
맞습니다. 당연히 후자입니다.

여러분이 강연 섭외 담당자라고 상상해 보세요. 자신의 강연을 한 문장으로 설명하지도 못하는 사람에게 강연을 맡길 수 있을까요?

다음으로 중요한 것은 구체적이고 명확하게 강연 주제를 설정하는 것입니다. 청중은 일회성 강연에서 이것도 조금, 저것도 조금 얻어 가기를 바라는 것이 아니라 특정한 주제에 대한 실질적인 지식을 얻을 수 있기를 바라기 때문입니다. 사실 그 어떤 달변가가 와도 모든 사람을 만족시키는 강연을 하는 것은 불가능합니다. 그렇기 때문에 좋은 강연은 명확한 타기팅에서 시작되고, 명확한 타기팅은 주제를 명확하게 설정했을 때 가능해집니다.

강연자로서 연단에 선다는 것은 단순히 자신의 지식을 전달하는 것 이상의 의미가 있습니다. 만약 단순히 지식 전달자의 역할만 필요로 했다면 청중은 강연이 아니라 책이나 녹화 영상을 찾는 것이 더 효율적이었을 것입니다. 하지만 실제로 많은 청중이 강연장에 오는 수고를 마다하지 않는 이유는 강연자가 전달하는 메시지를 통해 보다 강력한 변화의 원천을 찾고, 이를 통해 자신의 삶과 가치관에 긍정적인 변화를 꾀하고자 함일 것입니다.

철학자 알랭 드 보통은 직업을 '누군가의 필요를 대신 해결해 주는 일'이라고 정의했습니다. 그의 정의에 따르면, 의사는 아픈 이의 고통을 해결해 주는 사람이고, 요리사는 누군가의 주린 배를 채워주고 미식의 욕구를 충족시켜 주는 사람이지요.

당신은 청중의 어떤 필요를 대신 해결해 줄 수 있나요?

이에 대한 답을 찾으셨나요? 그렇다면 그것이 바로 당신의 강연 주제가 될 것입니다. 강연 주제가 해결되었다면 강사가 되기 위한 준비 중 절반은 끝낸 것이라고 볼 수 있습니다. 이제부터 남은 것은 실전입니다.

# 강사의 자질,
# 당신은 얼마나 준비되어 있습니까?

| 체크해 보세요. | 예 | 아니요 |
|---|---|---|
| 1 타인의 이야기를 듣고 공감할 수 있다. | ☐ | ☐ |
| 2 배우고자 하는 자세를 유지할 자신이 있다. | ☐ | ☐ |
| 3 강의의 타깃을 구체적으로 설정할 수 있다. | ☐ | ☐ |
| 4 강의 분야의 트렌드를 주기적으로 파악하고 있다. | ☐ | ☐ |
| 5 강의 주제를 한 문장으로 명확하게 설명할 수 있다. | ☐ | ☐ |
| 6 강의 콘텐츠를 다듬기 위해 노력할 준비가 되어 있다. | ☐ | ☐ |
| 7 강의 주제와 관련 있는 사례를 3개 이상 말할 수 있다. | ☐ | ☐ |
| 8 다른 사람들의 필요에 관심을 가지고 고민한 경험이 있다. | ☐ | ☐ |
| 9 전달하고자 하는 지식과 관련된 경험을 최소 1년 이상 쌓았다. | ☐ | ☐ |
| 10 청중에게 쉽게 전달할 수 있도록 지식을 다듬을 준비가 되어 있다. | ☐ | ☐ |
| 11 자신이 생산한 콘텐츠를 SNS나 블로그 등을 통해 타인에게 노출한 경험이 있다. | ☐ | ☐ |
| 12 강의에 필요한 도구를 능숙하게 다룰 수 있거나 사용법은 배울 준비가 되어 있다. | ☐ | ☐ |

★ 10개 이상: 당장 강의를 시작해도 좋습니다.
★ 7개~9개: 부족한 부분을 보완하며 소규모 강의 준비를 시작해 보세요.
★ 6개 이하: 부족한 부분에 대한 준비가 필요합니다.

# 내향적인 사람도 강연을 할 수 있나요?

"유명 강사들의 강연을 보면 볼수록 자신이 없어져요. 강연은 저런 사람들이 하는 거구나 싶고, 제가 분수에 맞지 않는 옷을 입으려고 노력하는 것 같은 느낌이 들어 괴롭습니다."

강연에 관심을 가지기 시작한 형석 씨는 TV 프로그램과 유튜브 등을 통해 여러 스타 강사의 강연을 보았다고 합니다. 카리스마 넘치는 모습으로 청중을 쥐락펴락하며 울리고 웃기는 그들을 보며, 형석 씨도 모니터 앞에서 함께 박수를 치기도 하고, 고개를 끄덕이기도 하며 공감하고 위로를 받았다고 하네요.

하지만 영상이 끝나면, 이내 까만 화면에 비친 자신의 얼굴을 보며 덜컥 겁이 났다고 고백했습니다. 무대 위의 인기 강사들은 넘치는 에너지와 열정으로 반짝이는 별처럼 보이는데, 막상 자신은 무척이나 내향적이며 내성적이었기에 도무지 그들처럼 할 수 있을 것이라는 생각이 들지 않았다고 말이지요.

우리는 불특정 다수 앞에서 자신 있게 자신의 이야기를 해 나가는 이들을 보면 '저런 사람들은 타고나길 외향적이며 수줍음이 적을 것'이라고 생각합니다. 하지만 과연 그럴까요?

여기 한 사람이 있습니다. 그는 휴식을 취할 때면 사람들과 어울리기보다는 혼자 조용히 책을 읽거나 산책을 즐겼습니다. 직업상 수많은 사람을 만나야 했으나 소규모 미팅에서도 종종 불편함을 느끼곤 했다는 이야기도 있지요. 회사 일로 대중 앞에 서서 연설해야 하는 일이 생기면 혼자서 수없이 예행연습을 하며 부족한 점은 없는지, 고쳐야 할 점은 무엇인지 치열하게 고민하는 것은 특별할 것도 없는 일상이었다고 합니다. 그래서 그와 친밀한 관계를 맺고 있던 동료, 비서, 가족들은 그가 내향적인 인물이었다고 입을 모읍니다.

이 사람이 누구인지 눈치채셨나요? 지극히 내향적이었으나, 무대 위에서는 21세기 최고의 프레젠터가 되었던 이 사람은 바로 스티브 잡스입니다.

그의 일화는 내향적인 성격이 강사로서의 실력이나 매력에 결정적인 영향을 미치는 요소가 아니라는 것을 알려주는 대표적인 예시입니다. 우리는 흔히 내향적이거나 내성적인 사람이 다른 사람들과 어울리는 것을 좋아하지 않는 사람이라고 생각하곤 합니다. 그러나 이는 사실이 아닙니다.

내향적인 사람은 타인을 싫어하거나 두려워하는 사람이 아니라, 에너지의 충전 방식과 발산 방향이 다른 사람일 뿐입니다.

성향에 따라 강점과 약점이 다르므로 강사에게 유리한 성향이나 성격을 단정하는 것은 불가능합니다. 중요한 것은 타고난 성향을 바꾸거나 자신이 갖지 못한 것을 갖기 위해 타인을 흉내 내는 일이 아니라 이미 가지고 있는 자신만의 무기를 갈고 닦는 일입니다.

| 내향적인 강사의 강점 | 외향적인 강사의 강점 |
|---|---|
| • 잘 정제된 신중한 피드백<br>• 깊이 있는 사색을 통해 형성한 통찰력<br>• 불확실한 상황을 피하기 위한 철저한 준비성<br>• 상대방의 이야기를 진정성 있게 듣고 공감하는 태도 | • 강연장의 분위기 조성<br>• 예상치 못한 상황에서 발휘되는 순발력<br>• 현장에서 순간적인 아이디어 도출 및 적용<br>• 청중과의 상호작용을 통해 발생하는 즉각적 에너지 |
| 내향적인 강사의 약점 | 외향적인 강사의 약점 |
| • 강의 후 네트워킹에 대한 부담감<br>• 청중과 라포르 형성에 걸리는 시간<br>• 청중의 반응이 부족할 때 경험하는 심리적 위축과 불안 | • 과도한 자신감<br>• 청중의 내면화 과정 중 불필요한 개입<br>• 질의응답과 핵심 내용 전달 사이의 비중 조절 어려움 |

▲ 강사의 성향에 따른 강점과 약점

그러나 강사가 반드시 갖추어야 하는 덕목도 있습니다. 바로 '사람에 대한 관심'입니다. 강연은 결국 사람과 사람 사이의 소통입니다. 단순히 지식을 전달하는 것만으로는 눈높이가 높아진 청중을 만족시키기 어렵습니다. 정보가 넘쳐나는 시대에 필요한 강사는 정해진 원고를 앵무새처럼 똑같이 따라 읽는 사람이 아닙니다. 수강생의 니즈를 파악하고, 상황에 맞게 이야기를 구성할 줄 아는 능력을 갖춘 사람이지요.

또한, 현장에서 얻은 피드백과 주변의 실제 사례를 분석하여 이를 바탕으로 강의 내용을 개선할 필요가 있습니다. 수강생의 성장을 진심으로 바라며 응원하는 자세 역시 중요하지요.

강의를 잘하는 강사란 퍼포먼스가 훌륭한 강사가 아닙니다. 화려한 말솜씨보다 중요한 것은 결국 청중과의 진정성 있는 교감이고, 이 교감을 성공적으로 이끌어내기 위해 필요한 것은 사람에 대한 애정 어린 관심입니다. 이를 기르기 위한 방법을 소개합니다. 다음 쪽에 제시된 실전 Tip을 통해 폭넓게 세상과 사람을 바라보며 소통할 수 있는 발판을 마련해 보세요.

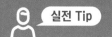

# 일상 속에서 사람에 대한
# 관심을 키우는 방법

| 1 | **낯선 사람의 표정 읽기**<br>▶ 사람들의 감정과 상황을 상상하며 공감 능력을 키워 보세요.<br>예 "지하철에서 인상을 쓰고 있던 그 사람은 어떤 생각을 하고 있었을까?" |
|---|---|
| 2 | **새로운 주제로 대화하기**<br>▶ 익숙한 사람에게서 특별함을 발견해 보세요.<br>예 "요즘 운동을 시작했다는 이야기를 들었어." |
| 3 | **새로운 사람들과 대화하기**<br>▶ 다양한 삶의 이야기를 접해 보세요.<br>예 "새로운 온라인 커뮤니티에 가입했는데 전혀 몰랐던 세상이 있더라고요." |
| 4 | **다양한 연령대의 이야기를 들어 보기**<br>▶ 다양한 세대의 관점을 이해해 보세요.<br>예 "요즘 학교에선 어떤 게 유행이야?" |
| 5 | **심층 인터뷰 기사 읽기**<br>▶ 간접 경험을 통해 타인에 대한 이해를 넓혀 보세요.<br>예 "이래서 사람들이 페이커라는 게이머에 열광하는구나!" |
| 6 | **영화나 드라마 속 인물 탐구하기**<br>▶ 상황과 배경을 고려하며 등장인물의 행동을 이해해 보세요.<br>예 "나라면 저런 시대 상황 속에서 어떻게 행동했을까?" |

# 이런 것도 강연 주제가 된다고?

강사에 도전해 보기로 마음먹은 예비 강사 영진 씨.

하지만 막상 시작하려고 하니 어쩐지 자신이 다루고자 했던 주제에 대한 자신감이 사라졌다고 합니다. 과연 이런 주제로 강연을 할 수 있을지, 그리고 이런 이야기를 듣고 싶어 하는 청중이 있을지 확신이 서지 않았던 것입니다. 게다가 강연이라고 하면, 해당 분야에서 큰 성공을 거두거나 대단한 스펙을 쌓은 사람만 해야 하는 것은 아닌가 싶어졌다고도 덧붙였지요. 하지만 정말로 영진 씨와 같은 예비 강사들의 경험과 발상이 보잘것없는 것일까요?

몇 년 전, 필자가 강연에 도전해 보라고 강하게 권유했던 분이 있었습니다. 건강보험공단에서 '노인 장기 요양 보험'을 도입하며 팀을 이끌었던 분이었지요. 장기 요양 보험의 틀을 만들었고, 관련 시설을 감독하고 평가하는 업무를 처리하기 위해 사회복지사 자격증을 취득했으며, 대학과 기관에서 실무자들을 위한 강연을 한 경험도 있었으니 은퇴 후 강연자로서 제2의 삶을 살기에 충분한 내공을 쌓은 분이라고 생각했기 때문이지요. 그러나 돌아온 대답은 무엇이었을까요?

"아유, 그게 뭐 대단한 거라고 강연까지 합니까? 공단 담당자에게 찾아가서 물어보면 다 대답해 주는 것들인데요. 그러니 노인 복지나 장기 요양 같은 것들을 굳이 강연까지 찾아와 들을 정도로 궁금해 하는 사람들이 어디 있겠어요?"

평안 감사도 제가 싫으면 그만이라고 했으니 더 이상 권유하지 못했지만, 참 입맛이 썼습니다. 노인 인구가 늘어남에 따라 부모님 걱정에 잠 못 이루는 수많은 중장년층에게 빛이 될 강의를 해 줄 수 있는 분이었는데 안타까울 따름이었죠.

이렇듯 많은 사람들이 자신이 경험한 것의 가치와 진행해 온 업무의 전문성을 정확하게 인식하지 못하는 경우가 많습니다. 그리고 자신의 지식이 다른 사람들에게 얼마나 필요한지 깨닫지 못하는 경우도 많습니다. 남의 것은 대단하고 좋아 보이지만, 막상 자신이 가진 것은 빈틈도 많고 허술하다고 느끼는 것이지요.

이는 어쩌면 당연한 일인지도 모릅니다. 오랫동안 한 분야에서 전문성을 축적해 온 만큼, 이미 '전문가의 눈'을 갖추었기 때문이지요. 그러니 어지간한 것에는 만족하기가 어려울 수밖에요. 그래서 조상님들은 '벼는 익을수록 고개를 숙인다.'고 했는지도 모르겠습니다.

게다가 살다 보면 주위는 어느새 자신과 비슷한 사람들로 가득 차게 마련입니다. 예를 들어, 학교 선생님을 한 번 생각해 보세요. 선생님 주변에는 온통 선생님들로 가득합니다.

동료 선생님들과 식사를 하던 중, 누군가가 오늘 아침 뉴스와 신문에 나온 교육 관련 이슈에 대해 언급했다고 가정해 봅시다. 같은 테이블에 있던 선생님 중에서 해당 이슈에 대해 한마디 거들지 못하는 사람이 있을까요? 그저 의견이 달라 입을 다무는 이가 있을 뿐, 그 자리에 있는 모두가 우리나라 교육의 방향과 현실, 해결책에 대해 나름의 비전을 가지고 의견을 개진할 수 있는 전문성과 경험을 가진 사람들이라는 뜻입니다.

하지만 사기업 구성원들이 동일한 주제에 관해 이야기를 나눈다면 어떨까요? 물론 개중에는 학교 교육과 우리나라 교육 현실에 대해 꾸준히 관심을 기울이던 이도 있을 것입니다. 그러나 대다수의 회사원은 아침 일찍 출근해서 업무를 보고, 집에 오면 가정 내 역할은 해내며, 각종 약속과 일에 매몰되어 있어 교육 정책이 어떻게 바뀌었는지 신경 쓸 겨를이 없는 경우가 많지요.

이렇듯 현대 사회를 살아가는 우리는 '내 일'만 해도 너무 바쁘다 보니 각자의 업무나 전공 분야가 아니라면 관심을 가질 여유가 없습니다. 그러다 보니 교육 이슈에 관한 이야기가 나오더라도 "요새 입시가 달라졌대!", "또?", "자주 바뀌네." 소리부터 나올 뿐, 제대로 이야기를 이어 나가기가 어렵습니다.

상황이 이러하니 학부모를 대상으로 하는 교육 관련 강의나 학습서 등이 그렇게나 잘 팔리는 것이겠지요? 시간적 여유는 없고, 체력적 한계가 있는 학부모들에게 잘 정리된 한 시간의 강의나 한 권의 책은 그야말로 사막에서 만난 오아시스 같을 테니까요.

이를 요약하자면, 다음과 같습니다.

누구나 자신이 몸담고 있는 분야에 대해서는 이미 전문가입니다!
그리고 해당 분야에 조예가 깊지 않은 이들에게 전문가인 당신의 조언은 금과
옥조와도 같습니다. 그래서 저는 강연을 꿈꾸는 분들에게 이런 질문을 합니다.

"몇 년 이상 *꾸준히* 해 온 일이 있으세요?"

만약 그렇다면, 이제 자신이 몸담았던 분야나 꾸준히 해 온 일에서 부딪혔던 어
려움을 떠올려 보세요. 당신이 어려워하고 곤란을 느꼈던 바로 그 지점이 청중
이 원하는 강연이며, '좋은 강연', '팔리는 강연'의 근간이 될 것입니다.

만약 10년 이상 식당을 운영해 온 사람이라면 다음 중 몇 가지는 경험해 보았
을 것입니다.

| | |
|---|---|
| 1 | 맛깔나는 조리법을 개발했던 경험 |
| 2 | 음식 맛을 균일하게 하기 위한 고민했던 경험 |
| 3 | 날씨에 따른 매출 신장을 위한 계절 메뉴를 출시했던 경험 |
| 4 | 손님 때문에 눈물지었던 경험 |
| 5 | 홍보를 고민하며 몸으로 부딪쳤던 경험 |
| 6 | 단골을 잡기 위해 서비스의 기준을 세웠던 경험 |
| 7 | 직원을 뽑고 가르치는 데 어려움을 느꼈던 경험 |
| 8 | 세금 문제 때문에 눈앞이 깜깜해졌던 경험 |
| 9 | 월세, 입지, 관리비 같은 것들로 밤잠을 설쳤던 경험 |
| 10 | 후배 창업자를 위해 해 주고 싶은 말이 생겼던 경험 |

어떤가요? 그렇게 쌓아온 10년이라는 세월입니다. 세월은 어느 대중가요의 가사처럼 '속절없이' 흐르는 것이 아닙니다. 그 도도한 물결 속에는 고민과 깨달음, 번뇌와 희열이 섞여 아우성치고 있습니다.

강사는 그 세월을 정리하여 전달하는 사람입니다. 당신의 경험은 수많은 예비 창업자에게 용기와 영감을 줄 수 있을 것입니다. 그리고 당신은 그들의 꿈을 응원해 줄 수도 있습니다. 자, 이래도 당신의 경험이 별것 아닌 것 같나요?

게다가 식당 운영을 통해 쌓은 내공은 단순히 '창업'이나 '요리'라는 분야를 넘어 '동기부여' 강연의 좋은 소재가 될 수도 있습니다. 따라서 적용 가능한 범위는 무궁무진하게 늘어날 수 있겠죠?

식당을 운영해 본 적도 없고, 평범한 사무직 근로자라서 다른 사람들에게 도움을 줄 만한 것도, 다른 사람이 궁금해할 만한 것도 딱히 없을 것 같다고 생각하시나요?

고수가 초심자를 가르치는 세상이 아닙니다. 이제 막 초심자를 벗어난 중수가 초심자를 가르치는 세상이지요. 개구리는 올챙이 적 생각을 못 하지만, 이제 겨우 다리 두 개가 생겨났을 뿐인 반개반올(올챙이와 개구리 사이의 존재)은 누구보다 올챙이의 어려움을 잘 이해할 수 있을 테니까요.

회사 업무 역시 마찬가지입니다. 실제로 신입 사원이 궁금해 하고, 지금 당장 시급하게 필요로 하는 것은 '최단기간에 임원으로 승진하는 방법'이나 '연봉 협상을 잘하는 방법' 같은 것이 아니라 '팩스 보내는 방법', '업무 전화 응대 매뉴얼'과 같은 조금은 평범하지만, 당장 써먹을 수 있는 현실적인 조언입니다. 그러니 당신의 강연이 팔리지 않을 것이라고 생각하는 대신, 당신의 강연을 필요로 하는 사람이 어떤 사람인지 고민해 보세요.

청중의 마음을 사로잡는 강연은 멋들어진 수식어가 가득한 강연이 아니라 '나의 필요'를 알고 그에 맞춘 해결책과 영감을 주는 강연입니다.

| 프로 직장인이 사회 초년생을 위한 강의를 기획한다면? | |
|---|---|
| 강의<br>아이디어 | • MZ 세대 신입 사원들이 회사 적응을 어려워하고 있음<br>• 입사 초기의 실수와 시행착오를 줄일 수 있도록 조언한다면? |
| 강의 주제 | 회사에서 인정받는 특급 신입이 되는 법 |
| 강의에 꼭<br>들어가야 하는<br>내용은? | 1. 기본을 갖추자<br>　① 시간 관리의 달인 되기<br>　② 비즈니스 매너와 에티켓<br>　③ 효과적인 업무 커뮤니케이션 스킬<br><br>2. 업무도 기술이다<br>　① 효과적인 이메일 작성법<br>　② 보고서 작성의 기술과 보고의 형식<br>　③ 회의 마스터: 준비부터 마무리까지<br><br>3. 인간관계의 지혜<br>　① 입시 동기들과 잘 지내는 법<br>　② 경쟁과 협력 사이<br>　③ 부서 간 협업의 중요성<br><br>4. 직장에서 살아남기<br>　① 스트레스 관리와 멘탈 관리<br>　② 업무 효율 높이는 툴<br>　③ 회식과 야근, 어떻게 할 것인가?<br><br>5. 실전 시뮬레이션<br>　① 이럴 땐 이렇게 하자! 난감한 상황 대처법<br>　② 실수는 누구나 할 수 있다!<br>　③ 선배들의 피가 되고 살이 되는 조언 모음 |

| | 프로 직장인이 사회 초년생을 위한 강의를 기획한다면? |
|---|---|
| 강의<br>아이디어 | • 사회 초년생들의 금융문맹 탈출을 위해 강의를 한다면?<br>• 실생활 중심이되, 2030 세대의 경제적 상황을 이해해야 한다! |
| 강의 주제 | 신입 사원을 위한 월급 관리 기초 |
| 강의에 꼭<br>들어가야 하는<br>내용은? | **1. 월급 관리의 기본**<br>　① 가계부 쓰기의 중요성: 내 수입과 지출은 얼마?<br>　② 비상금 OO 만 원은 반드시 필요하다.<br>　③ 신용 관리의 시작, 신용카드 현명하게 쓰는 법<br><br>**2. 저축과 지출 계획 짜기**<br>　① 자동 이체의 마법<br>　② 5:3:2 법칙<br>　③ 나에게 맞는 소비 통제 방법은?<br><br>**3. 재테크의 기초**<br>　① 복리의 힘 한눈에 보기<br>　② 인플레이션 이해하기<br>　③ 투자의 기본 원칙<br>　　* 나의 투자 성향은?<br><br>**4. 금융상품 이해하기**<br>　① 예금과 적금<br>　② 주식과 펀드<br>　③ 채권과 ETF<br>　④ 연금보험과 IRP<br><br>**5. 부채 관리와 대출**<br>　① 학자금 대출 관리하기<br>　② 전세 자금 대출 이해하기<br>　③ 좋은 부채도 있다?<br><br>**6. 세금 절약 전략**<br>　① 13번째 월급, 연말 정산<br>　② 소득공제는 뭐고 세액공제는 뭐야?<br>　③ 청년 우대 금융상품 확인하기 |

# 사회 초년생을 위한 강의 기획하기

| 나는 사회 초년생에게 어떤 도움을 줄 수 있을까? | |
|---|---|
| 강의<br>아이디어 | |
| 강의 주제 | |
| 강의에 꼭<br>들어가야 하는<br>내용은? | |

# 대체 불가능한 강의 만들기

"제가 강의하고 싶은 분야는 이미 내로라하는 강사들이 많아서 제가 비집고 들어갈 틈이 있을지 모르겠어요."

어떤 분야에서 어떤 주제로 강의할 것인지 정한 후에도 고민은 계속됩니다.

교육, 컴퓨터 언어, 마케팅, 동기부여, 자기 계발, 재테크, 부업, 취미 등 대부분의 분야에는 이미 활발하게 활동 중인 강연자들이 있고, 그들이 일구어 놓은 커리어는 이제 막 강연자로서 날개를 펴고자 하는 초심자가 결코 따라 잡기 어려울 듯하기 때문이지요. 한발 앞서 내공을 쌓아 온 선배 강사들은 수많은 실전 경험을 통해 검증된 강연 내용, 능수능란한 진행 솜씨, 오랜 시간 관리해 온 강의처까지 두루 갖추고 있으니 그야말로 난공불락의 성처럼 느껴질 수 있습니다.

어느 분야든 후발 주자가 빛을 보기 쉽지 않은 것은 마찬가지이지만, 이제 막 첫발을 떼는 초보 강사들이 탄탄한 기반을 다져 온 선배 강사들과 같은 주제의 강의를 들고 왔을 때 청중이 냉담하게 반응하는 것 역시 강의 시장의 현실이기도 합니다.

하지만 기억하세요! 단언컨대 하늘 아래 같은 강의는 없습니다. 강의는 마치 뮤지컬 공연과도 같아서 완벽하게 동일한 강의는 존재할 수 없기 때문입니다.

같은 교안으로 강의를 진행하더라도 강사에 따라 강의 내용과 전달 방식이 모두 달라집니다. 심지어 한 사람이 동일한 주제에 대해 강의하더라도 매번 진행 방식이나 내용이 달라지는 것이 강의입니다. 청중의 반응 역시 강사와 강의에 따라 달라지기 마련입니다.

전날 읽은 책이나 기사의 내용, 강의 직전 나누었던 사람들과의 대화에서 받은 에너지, 강의 중 갑자기 떠오른 번뜩이는 영감, 청중의 호응, 강사의 컨디션 등 강의는 그야말로 '강사를 둘러싼 모든 것'에 영향을 받기 때문입니다. 그러니 앞서가는 것처럼 보이는 강사들과 강의 분야가 겹친다고 하더라도 지레 겁먹을 이유가 없습니다. '나'와 선배 강사의 강의는 주제만 같을 뿐, 결코 똑같은 강의일 리가 없으니까요.

그럼에도 불구하고 여전히 선배 강사들과 직접적인 경쟁이 어려워 보인다면, 강의하기로 마음먹은 분야에서 자신만의 '키 콘셉트(Key Concept)'를 찾아보세요. 키 콘셉트는 다른 사람은 갖지 못한 자신만의 핵심 콘셉트로, '나'의 강의를 대체 불가능한 유일한 콘텐츠로 만들 수 있는 열쇠를 말합니다.

베스트셀러 작가이자 강연자인 팀 페리스는 자신의 저서에서 다음과 같이 말했습니다.

> 남다른 삶을 원한다면 둘 중 하나를 선택하라.
> 첫째, 특정한 한 분야에서 최고가 되는 것.
> 둘째, 두 가지 이상의 일에서 25퍼센트 안에 드는 능력을 발휘하는 것.
> – 팀 페리스, 『타이탄의 도구들』, 토네이도, 2022.

환영받는 강사가 되기 위한 방법은 팀 페리스가 말한 바와 본질적으로 다르지 않습니다. 자신의 강의 영역에서 1등이 되거나, 1등은 아니더라도 자신만의 확실한 강점을 가지거나.

1등을 목표로 하는 것은 분명 훌륭한 전략이지만, 초심자가 선택하기에는 지나치게 리스크가 큽니다. 목표에 도달하기까지 얼마나 걸릴지 알 수 없기 때문이기도 하고, 어쩌면 평생 손아귀에 쥐지 못할 수도 있기 때문입니다.

그러므로 이제 막 강연의 세계에 입문한 초심자는 '1등이 되는 것'보다는 '대체 불가능한 강사가 되는 것'을 목표로 삼는 것이 좋습니다. 하지만 사람들은 '대체 불가능한 강사'라는 목표가 '1등'이라는 목표보다 막연하다는 느낌을 받을 수 있습니다.

우선 개념을 명확하게 정리해 볼까요? '대체 불가능한 강사'는 엄청난 이력과 능력을 갖추고 있는 강사가 아니라 '자신만의 확실한 강점이 있는 강사'입니다.

그러므로 대체 불가능한 강사가 되기 위해서는, 우선 강연처와 청중에게 '선택해야 하는 이유'가 명확한 강사로 자신을 포지셔닝하는 것이 중요합니다. 그렇다면 자신만의 확고한 강점은 어떻게 해야 찾을 수 있을까요?

자, 지금부터 자신이 상위 25% 안에 들 수 있을 정도로 잘할 수 있는 일이나 강점을 나열해 보세요. 대단한 것이 아니어도 좋습니다.

혹시 25%라는 기준을 통과하는 것이 지나치게 어려워 보이나요? 그렇다면 이렇게 얘기해 보는 것은 어떨까요? 오늘도 고등학생들의 머리를 쥐어뜯게 만드는 상대 평가 방식의 9등급제를 기준으로 보면, 25%는 4등급에 해당합니다. 즉, 고등학생의 성적 기준으로 치환해 봤을 때, 25% 안에 드는 능력 혹은 강점은 1, 2등급 대의 '탁월함'이 아니라 노력하면 도달할 수 있는 3, 4등급 대의 '우수함'에 해당하는 것을 말합니다. 이름을 붙이자면 '평균보다 잘함'이 되겠네요.

우리의 목표는 누구나 이름을 대면 알 만한 유수의 대학에 합격할 수 있는 수준인 1등급에 도달하는 것이 아닙니다. 그저 학교생활을 성실하게 하고, 꾸준히 노력하면 도달할 수 있는 3등급 끄트머리 또는 4등급 앞머리 정도의 능력이나 강점을 찾는 것입니다.

여기, 자녀 교육 분야에서 강의하기를 원하는 예비 강사 미현 씨가 있습니다. 아이들을 좋아하는 미현 씨는 유치원 선생님을 천직으로 알고 10년 가까이 근무했지만, 현재는 퇴직한 이후 시간이 꽤 흘러 자신감이 많이 떨어진 상태입니다.

미현 씨는 '정서 발달을 돕는 교육법'에 관해 강의를 하고 싶지만, 이를 위해 교육학을 다시 공부하거나 심리학을 전공해야 하는 것은 아닌지, 자격증을 취득해야 하는 것은 아닌지 고민하고 있습니다.

그러나 미현 씨의 역량이 정말로 강의를 하기에 부족할까요?

미현 씨만의 콘텐츠를 만들기 위해 미현 씨가 상위 25퍼센트 안에 들 수 있을 만한 강점에 관해 이야기를 나누고 정리해 보았습니다.

| 강의하고 싶은 분야 | 자녀 교육 |
|---|---|
| 전달하고 싶은 내용 | 아이의 정서 발달을 돕는 교육법 |
| 상위 25퍼센트 안에 들 수 있을 만한 미현 씨만의 강점 | |
| 1 | 지금은 퇴직했지만, 유치원 선생님으로 10년간 재직했음 |
| 2 | 아이들과 놀아주기 위해 직접 교구를 만들기도 했음 |
| 3 | 어린아이들의 눈높이에서 즐겁게 이야기를 이어 나갈 수 있음 |

미현 씨는 자신의 강점을 찾아보면서 자녀 셋을 모두 SKY에 보냈다는 'A' 강사, 대치동 대형 학원장 출신의 'B' 강사, 유학파 출신의 영어 교육 인플루언서 'C' 강사 등을 보며 주눅 들었던 마음이 조금씩 줄어들었다고 말했습니다. 휘황찬란한 경력은 아닐지라도 강점을 정리하다 보니 자신만이 할 수 있는 강의가 자연스레 떠오르기 시작했던 것이지요.

" '전문가 PICK! 정서 발달을 돕는 엄마표 교구 놀이'와 같이 교육과 놀이를 결합한 콘텐츠를 구성해 보는 것은 어떨까요? 아니면 '유치원 선생님이 들려주는 아이의 성향별 대화법'을 사례 중심으로 제시하는 것도 괜찮을 것 같고요. 강의 계획서를 작성해 봐야겠어요. 해 보고 싶은 콘텐츠가 너무 많아요. "

조금 전까지만 하더라도 자신감이 결여되어 있던 미현 씨의 목소리는 어느덧 희망으로 반짝거리기 시작했습니다.

이제 여러분의 차례입니다. 다음 쪽에 제시된 워크시트를 채워 보면서 자신이 가진 이야기의 가치를 재발견해 보세요. 상위 25% 안에 들 수 있는 자신만의 강점을 기록하고 그것을 조합하다 보면, 누구도 대체할 수 없는 '나만의 콘텐츠'가 자연스럽게 떠오를 것입니다.

자신이 가지고 있는 것이라고 할지라도 기록하고 정리하지 않으면 힘을 가지지 못합니다. 기록을 통해 자신이 가진 것을 확인해 보세요. 자신의 가치를 재발견할 수 있게 될 것입니다. 지금 당장 칸을 다 채우지 못해도 괜찮습니다. 일상생활 중 문득 '아, 이런 것도 내 강점이 될 수 있지 않을까?' 싶은 것들을 발견할 때 다시 페이지를 펼쳐 하나씩 자신의 진가를 써 내려가면 됩니다.

다른 사람들에게 숙제 검사를 받는 것이 아니니 사소한 것이라는 생각에 부끄러워할 필요가 전혀 없습니다. 소위 '있어 보이는 것'이라도 다른 사람들에게 막힘없이 설명할 수 없는 것이라면 지양해야 합니다. 솔직하게 자신을 드러낼수록 '자신만의 콘셉트'가 지닌 힘은 더욱 강력해질 테니까요.

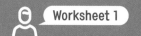 

# 나만의 강점 작성하기

| | 상위 25% 안에 들 수 있을 만한 나만의 강점은? |
|---|---|
| 1 | |
| 2 | |
| 3 | |
| 4 | |
| 5 | |
| 6 | |
| 7 | |
| 8 | |
| 9 | |
| 10 | |

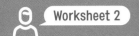 

# 나만의 강의 콘셉트 도출하기

**STEP 1** 나의 강점을 카테고리별로 재분류해 보세요.

✖ **전문 지식/스킬**

　　예 로맨스 소설 감상평 및 업계 동향 지식

　　▶

　　▶

　　▶

✖ **실무 경험**

　　예 카카오페이지, 리디 등의 콘텐츠 플랫폼에 로맨스 소설 3작품 론칭

　　▶

　　▶

　　▶

✖ **개인적인 경험**

　　예 출산 후 경력 단절, 전업주부 10년 차

　　▶

　　▶

　　▶

✖ **성격과 성향**

　　예 남들보다 예민하고 트렌드에 빠름

　　▶

　　▶

　　▶

**'STEP 1'에서 분류한 강점을 조합해 보세요.**

조합 예시

| 강점 1 | | 강점 2 | | 조합 결과 |
|---|---|---|---|---|
| 3작품을 쓴 웹소설 작가임 | + | 작가 데뷔 전, 10년 동안 전업주부였음 | = | 전업주부도 쉽게 따라할 수 있는 웹소설 창작 |

✖ 조합 1

| 강점 1 | | 강점 2 | | 조합 결과 |
|---|---|---|---|---|
| | + | | = | |

✖ 조합 2

| 강점 1 | | 강점 2 | | 조합 결과 |
|---|---|---|---|---|
| | + | | = | |

## STEP 3 차별화 포인트 찾기

✖ 나의 타깃 청중은 누구?

    예 자신감을 잃어버린 경력 단절 중장년인

    ▶

    ▶

    ▶

✖ 나는 타깃 청중에게 어떤 도움이 될 수 있을까?

    예 자신감을 찾기 위한 빠른 웹소설 출간 방법을 안내할 수 있음

    ▶

    ▶

    ▶

## STEP 4 실현 가능성 체크해 보기

| | 체크해 보세요. | 예 | 아니요 |
|---|---|---|---|
| 1 | 강의 목표가 현실적인가요? | ☐ | ☐ |
| 2 | 기존 강의들과 차별화 지점이 있나요? | ☐ | ☐ |
| 3 | 자신이 가진 강점을 충분히 활용하고 있나요? | ☐ | ☐ |
| 4 | 청중의 고민 해결에 구체적인 도움을 줄 수 있나요? | ☐ | ☐ |
| 5 | 실제 사례나 경험을 수강생에게 전달해 줄 수 있나요? | ☐ | ☐ |

# 전문가 콤플렉스 극복하기

"아니, 제가 무슨 강연을…. 저는 아직 전문가라고 하기에는 모자람이 많아서요."

"강의에 도전해 보고 싶지만 사람들이 '당신이 무슨 전문가야!'라고 하면 어떡하나 걱정이 되더라고요."

이른바 '전문가 콤플렉스'는 초보 강사 중 열에 아홉이 겪는다고 합니다. 겸손을 미덕으로 삼는 사회 분위기 때문일까요? 예비 강사들은 자신의 경력이나 전문성을 자랑하기는커녕, 스스로 검열하고 재단하면서 자신을 매우 박하게 평가합니다.

자, 생각해 봅시다.
과연 전문성은 무엇이고, 더 나아가 전문가는 어떤 사람일까요?

일반적으로 '전문가'라고 하면 해당 분야의 모든 것을 알고 있는 사람이라고 여기는 경우가 많습니다. 하지만 세상의 지식은 너무나 방대할 뿐만 아니라 지금

이 순간에도 끊임없이 새로운 지식이 더해지고 있습니다. 결국 어떤 분야든 완벽하게 모든 것을 '알고 있는' 사람은 없다는 것이죠. 그런 의미에서 전문가에 대한 정의를 다시 내려 본다면, '해당 분야에서 충분한 경험과 지식을 쌓아 문제를 해결할 수 있는 사람 혹은 타인에게 의미 있는 통찰을 제공할 수 있는 사람' 정도가 될 수 있겠네요.

게다가 강연자로서의 '전문성'은 실무에서의 전문성과 다른 차원의 문제입니다. 실무에서는 문제 해결 능력과 실행력 같은 것들이 중요하겠지만, 강연에서는 경험을 통해 얻은 영감과 이를 효과적으로 전달하는 능력이 더욱 중요하거든요.

다음에 제시된 강사들의 경우를 예로 들어 볼까요?

A 강사: 파리의 고급 플라워 숍에서 경력을 쌓은 뒤 명품 브랜드나 잡지사와 협업하는 '스타 플로리스트'
B 강사: 삼천만 원 소자본으로 시작해 6개월 만에 월수입 천만 원을 달성한 '1인 플라워 숍 운영자'
C 강사: 월 1억 원의 매출을 올리는 개업 20년 차 '대형 플라워 숍 운영자'

각기 다른 이력을 가진 강사들인 만큼 '꽃 다루기와 꽃집 운영'이라는 주제로 강연을 진행했을 때, 이들의 전문성에 대한 의견은 달라질 수 있습니다.

꽃집 창업이 아니라 '유러피안 감성의 부케 장식 노하우'가 필요하거나 '촬영용 플라워 장식'에 대해 궁금한 분이라면, B나 C 강사에게서는 자신이 원하는 '전문성'을 발견하기 어려웠을 것입니다. 반면, 안정적으로 꽃집을 운영하고 있지만 사업을 좀 더 확장하고자 하는 열망이 있는 중견 플라워 숍의 사장님이라면, C 강사에게서 자신이 찾는 '전문성'을 발견했겠지요. 마지막으로, 열 평 규모의 공간에서 자신만의 가게를 시작하려는 '예비 창업자'라면, A나 C 강사의 노하우보다는 B 강사의 강의에 눈이 번쩍 뜨일 게 분명합니다.

여기에서 우리는 알 수 있는 사실이 하나 있습니다.
바로 강연자나 강사에게 필요한 '전문성'은 유동적이라는 점입니다. 수강하는 목적이나 강의를 개설하는 목적에 따라 강사에게 요구되는 전문성이나 전문적인 지식의 수준은 천차만별이기 때문에 '나는 아직 전문가가 아니야.'라고 자신을 재단할 필요가 없습니다.

그렇다면 강사에게 필요한 전문성을 가다듬기 위해서는 무엇을 해야 할까요?

첫째, 바로 관련 분야에서의 활동 이력을 정리해야 합니다.
여기에서 중요한 것은 얼마나 오랜 기간 활동했는가, 얼마나 높은 지위에 올랐는가 하는 것이 아닙니다. 청중이 궁금해 하는 것은 해당 분야에서 여러분이 경험한 '구체적 활동'이에요. 그러니 스토리텔링 요소를 활용하여 자신을 소개하는 인사말을 만들어 보세요. "저는 12년 차 베테랑 마케터입니다."라는 말보다 "소규모 SNS 이벤트 마케팅을 진행했고, 전사 캠페인 PM[1]으로서 데이터를 분석하고 트렌드를 읽는 법을 배웠습니다. 최근에는 라이브 커머스를 통한 마케팅에 관심이 있습니다."라는 소개가 여러분에 대한 신뢰도를 높여줄 것입니다.

둘째, 강의에서 공유할 경험과 사례를 정리해야 합니다.
관련 업계, 혹은 해당 분야에서 활동하며 축적한 시행착오, 문제 해결 과정, 결과물 같은 것들은 전문성을 드러내는 대표적인 증거이자 효과적인 도구입니다.

....................................................................................................

1)  프로젝트 관리자(프로젝트 매니저, Project Manager)

틈틈이 사진 자료를 만들거나 관련자들에 대한 인터뷰를 모아 두는 것도 도움이 되지요. 이때 경험과 사례 등은 구체적일수록 좋습니다. 해당 분야에 깊게 발을 담그고 있던 분들은 별것 아니라고 생각하는 것들도, 초보자나 외부인에게는 아주 생소할 수 있으므로 이러한 데이터들은 강의를 더욱 풍부하게 만들어 줄 것입니다.

셋째, 강의를 들은 수강생들의 피드백을 모아 두어야 합니다.
강의가 실제로 누군가에게 도움이 되었다는 것보다 확실하게 전문성을 입증하는 증거는 찾기 어렵습니다. 처음에는 지인을 대상으로 소규모 강의를 진행하고 후기를 모아 보세요. 이렇게 모은 후기는 SNS 등을 통해 공유하고요. 이는 좋은 강사를 찾아 헤매는 강연처 담당자들이 '이 강사에게 강의를 맡겼을 때 만족도가 높겠구나!'하고 예측하는 근거가 될 것입니다. 이에 더해 긍정적인 피드백은 강사로서의 자존감을 높여주는 데에도 큰 도움이 됩니다.

"다 좋아요. 하지만 저는 결국 성공한 사람은 아니거든요. 그러면 역시 전문성이 떨어져 보이겠죠? 강의를 포기해야 할까요?"

성공 사례는 화려하고 멋있습니다. 하지만 역설적이게도 우리는 실패의 경험을 통해 성장하지요. 실패는 저마다의 이유를 가지고 있습니다. 누군가는 준비가 부족해서, 또 다른 누군가는 예상치 못한 난관에 부딪혀서 실패합니다. 상황이 따라주지 않았을 수도 있고, 내적인 불안감으로 인해 무너졌을 수도 있겠죠. 그러나 결국 실패의 경험을 털고 일어났다면, 극복의 경험을 하나씩 쌓아 온 셈입니다. 그리고 그 경험은 청중들의 마음에 울림을 일으킬 테고요.

"저는 너무 평범해요."라고 이야기하는 예비 강사님들도 있습니다. 그러나 이 역시 걱정할 필요가 없습니다.

필자의 N잡 중 하나는 웹소설 작가인데, 이 업계에는 '웹소설 작가에게 가장 중요한 재능은 대중적인 취향을 가지고 있는 것'이라는 말이 있습니다. 대중적 취향은 힙스터들이 보기에는 '뻔한' 것으로 비춰지기도 합니다. 그러나 뻔하다는 것은 결국 보편적이라는 의미이고, 보편적인 것은 누구나 공감할 수 있는 것이라는 뜻이 되지요.

강의도 마찬가지입니다. 보편적인 경험은 더욱 많은 청중과 공감대를 형성하기 쉽습니다. 이것이 '육아와 일을 병행하며 겪는 어려움', '전세 자금 마련을 위해 가계부를 쓰며 식비를 아끼던 경험' 같은 소소하지만 누구나 겪을 법한 일들이 강의가 되고, 이런 강의에 수강생이 몰리는 이유입니다.

이렇듯 강연자에게 요구되는 전문성은 필드에서 통상적으로 사용되는 전문성과는 다른 의미를 지닙니다. 화려한 수십 줄의 이력이나 대단한 성공의 경험이 없어도 괜찮습니다. 미사여구로 점철된 자기 자랑보다는 해당 분야에 몸담으며 쌓아온 이야기, 실패와 좌절을 겪고도 다시 일어난 경험, 누구나 할 법한 고민에 대한 해답을 제시할 수 있는 통찰. 이런 것들이 바로 강사에게 필요한 '전문성'이기 때문입니다.

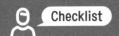
# 당신만의 전문성을 찾기 위한 체크리스트

| 1 | 당신이 생각하는 전문가는 어떤 사람인가요? | ☐ N년 이상의 경력자<br>☐ 관련 자격증 보유자<br>☐ 유명 기관 근무 등의 이력 보유자<br>☐ 모든 질문에 답할 수 있는 능력 보유자<br>☐ 기타 (          ) |
|---|---|---|
| 2 | 자신을 전문가라고 생각하지 않는 이유는 무엇인가요? | ☐ 아직 경력이 부족해서<br>☐ 모르는 것이 너무 많아서<br>☐ 대단한 성공을 하지 못해서<br>☐ 나보다 뛰어난 사람이 많아서<br>☐ 기타 (          ) |
| 3 | 2번의 생각은 어디서 비롯되었나요? | ☐ 비교 의식<br>☐ 사회적 통념<br>☐ 주변 사람들의 평가<br>☐ 나의 지나친 완벽주의<br>☐ 기타 (          ) |
| 4 | 청중이 강의에서 기대하는 것은 무엇이라고 생각하나요? | ☐ 완벽한 해답<br>☐ 공감과 위로<br>☐ 구체적인 실천 방법<br>☐ 현실적인 문제 해결책<br>☐ 실제 경험에서 나온 조언<br>☐ 기타 (          ) |

| 5 | 나는 어떤 사람들에게 '전문적인' 이야기/조언을 할 수 있나요? | ☐ 나와 비슷한 고민을 겪는 사람들 |
| | | ☐ 나의 실패 경험이 도움이 될 만한 사람들 |
| | | ☐ 현재 내가 있는 자리로 오고 싶어 하는 사람들 |
| | | ☐ 내가 해결할 수 있는 문제에 골머리를 썩는 사람들 |
| | | ☐ 기타 (　　　　　　　　　　　　　　) |
| 6 | 나는 5번의 사람들에게 무엇을 줄 수 있나요? | ☐ 나만의 독특한 관점과 인사이트 |
| | | ☐ 같은 길을 걷는 동료로서의 공감 |
| | | ☐ 시행착오를 줄여주는 구체적인 조언 |
| | | ☐ 실패해도 다시 일어날 수 있다는 용기 |
| | | ☐ 기타 (　　　　　　　　　　　　　　) |

어떤가요? 당신의 경험과 지식이 누군가에게는 절실하게 필요한 답이 될 수 있다는 사실, 이제는 아시겠죠?

# 본업의 전문성을 바탕으로
# 인사이트를 전하는 선배님

전안나 대표 @anna.book365
(주)책글사람 대표
저서: 『사회복지사는 어때?』, 『쉽게 배워 바로 쓰는 사회복지 글쓰기』, 『나, 브랜드
　　사회복지사』, 『1천 권 독서법』 등

**Q. 간단한 소개를 부탁드립니다.**

**A.** 작가이자 사회복지사로 활동하고 있는 전안나입니다. 학부에서 사회복지를 전
공하고 복지관에서 사회복지사로 19년 동안 근무했습니다. 7년 정도 강사와
작가로도 활동하며 N잡러로 생활하다가 현재는 (주)책글사람 대표로서 책을
쓰고, 강의를 하며 전국을 누비고 있습니다. 9년 동안 전국 협회와 개별 사회복
지 기관에서 약 1,300회 정도 강의를 진행했으며, 대학교에서 외래강사로도 활
동하고 있습니다.

**Q. 사회복지사로서 책을 쓰고 강의를 하게 된 계기는 무엇인가요?**

**A.** 전문가가 되기 위해서입니다. 경력이 오래되었다거나 자신을 전문가라고 생각
한다고 해서 전문가로 인정받는 것이 아니더라고요. 대중이 저를 전문가라고
인식해야 비로소 전문가로 퍼스널 브랜딩할 수 있다는 것을 깨달았습니다. 전
문가가 되는 방법이 무엇인지 고민하다가 특정 주제로 강의를 하거나 책을 쓸
수 있다면 사람들에게 전문가로 인식될 수 있겠다는 생각이 들었습니다. 그래
서 2016년에 강의를 시작했고, 2017년부터는 책을 쓰기 시작했습니다.

**Q. 사회복지 직업군을 위한 강의와 일반인을 대상으로 하는 강의에 차이점은 무엇인가요?**

**A.** 강의 대상에 따라 강의 주제나 사용하는 용어, 사례 등 많이 것이 달라집니다.

**❶ 강의 주제**

사회복지사를 대상으로는 주로 '사회복지 글쓰기'와 관련된 강의를 하고, 일반인을 대상으로는 주로 '성인 독서법'이나 '자녀 독서 지도법' 강의를 합니다.

**❷ 용어와 사례**

특정 직업군에는 해당 직업군에서만 사용하는 용어와 이해 가능한 상황이 있습니다. 따라서 사회복지사를 대상으로 하는 강의에서는 전문 용어와 특정 상황을 적절히 녹여내서 활용해야 참여자분들이 이해하기 좋습니다. 반면, 일반인을 대상으로 하는 강의에서는 직장인으로서의 서러움, 고부 갈등, 부부 갈등, 자녀가 책을 읽기 싫어하는 상황 등 누구나 공감할 만한 사례를 풀면서 강의를 진행합니다.

**❸ 청중의 참여 의지**

강의에 참여하는 목적에 따라 참여 의지나 태도 역시 천차만별입니다. 일반인 대상 '성인 독서법'이나 '자녀 독서법' 강의는 스스로 관심을 가지고 자발적으로 참여하는 경우가 대다수입니다. 따라서 들으려는 마음으로 오시는 분들이 많고, 강의 평가도 긍정적으로 해 주시는 경우가 많습니다.

반면, 사회복지 직업군 대상 강의는 직원 공통교육이나 법정 필수 의무교육으로 진행되는 경우가 많아서 비자발적으로 참여하는 분이 많습니다. 그래서 강의 시간 내내 이어폰으로 음악을 듣거나 시작 전부터 팔짱을 끼고 잘 준비를 하는 분들도 있어요. 최대한 강의에 집중하실 수 있도록 노력하지만, 참여를 강권할 수는 없으므로 마인드 컨트롤을 하면서 집중하는 분들에게 보다 의미있는 강의를 전달하려고 노력합니다.

**❹ 강의 연계 여부**

일반인 대상 강의는 강의에 만족하더라도 제 책을 구매하는 정도로만 이어
지는데요. 사회복지 직업군 대상 강의는 제 강의가 좋았다면 직장으로 초청
해서 강의가 이어지는 경우가 많습니다.

**Q. 현장 경험을 강의 콘텐츠로 재구성할 때 중요하게 생각하는 점은 무엇인가요?**

**A.** 특별한 경험을 보편화하는 것을 중시합니다. 그래서 예를 들 때는 '나'만 경험
할 수 있는 특별한 사례 대신 누구나 경험할 수 있을 법한 사례를 선정합니다.
이를테면 저는 어린 시절에 아동양육시설에서 살다 입양이 되었고, 아동 학대
를 받으면서 힘든 유년 시절을 보냈는데, 이런 상황을 이야기하면 사람들은 쉽
게 공감하기 어렵습니다. 그래서 직장에 다니면서 번아웃이 왔던 이야기, 육아
를 하면서 남편과 갈등이 있었던 이야기, 독박 육아로 인해 불면증이 생기고
살이 빠진 이야기 등 보편적으로 공감할 만한 경험 중심으로 강의를 풀어 나갑
니다. 다만, 개인적인 이야기에 대해 질문하는 경우에는 특수한 사례를 말씀드
리기도 합니다.

저는 한 기관에서 19년 동안 근무했는데, 제 강의를 듣는 분들은 일하는 분야
가 굉장히 다양합니다. 저는 다양한 기관을 경험해 보지 않았기 때문에 사회복
지 직업군을 대상으로 강의할 때면 최대한 다양한 사례를 제시하기 위해 사례
를 모으고 공부를 많이 했습니다.

또한, '우리 기관'이라고 표현 대신 '장애인 복지관', '노인 요양원', '지역 아동
센터' 이런 식으로 보편화된 용어와 예시를 사용합니다.

그리고 저보다 경력이 많은 선배들이 제 강의를 들을 때도 있기 때문에 사회복
지 관련 경력보다 책을 10권 이상 썼다는 경험, 글쓰기를 전문적으로 배우면서
알게 된 점 등을 강조하면서 강의를 진행합니다.

**Q.** 복지 정책이나 제도가 바뀔 때, 혹은 사회 이슈에 따라 강의 내용의 업데이트가 필요할 듯한데요. 강의 내용을 업데이트하는 주기나 기준은 무엇인가요?

**A.** 거의 매 회기 조금씩 계속 업데이트를 해요. 특히, 강의 중에 질문을 받으면 해당 질문을 다음 강의안에 반영하여 내용을 추가하는 경우가 많습니다. 제 설명이 충분하지 않아서 추가 질문이 나왔다고 생각하기 때문입니다. 게다가 매년 제 사회복지사 대상 글쓰기 강의를 반복해서 수강하는 분들이 다수 계십니다. 그분들이 언제 다시 강의를 들을지 모르기 때문에 거의 매 회기 조금씩이라도 수정하는 편입니다.

제가 하는 강의는 사회복지사 업무용 글쓰기 강의이므로 복지 정책이나 제도, 변동 가능한 사회 이슈 등은 강의 중에 전달하지는 않습니다. 다만, 요즘은 글쓰기 관련 생성형 AI가 다양하게 나오고 있어서 업무용 글쓰기에 도움이 되는 생성형 AI 앱이나 사이트가 있으면 사용해 본 후에 바로바로 반영해서 알려 드립니다.

**Q. 강사로 영역을 확장할 때 필요한 마음가짐이나 핵심 역량은 무엇인가요?**

**A.** 자신이 알고 있는 것을 '기꺼이 알려주려는 마음'이 필요합니다. 좋은 것을 자신만 독점하고 싶어 하고, 다른 사람에게 나누는 것을 꺼리는 사람은 강사의 기본 자질을 갖추지 못한 사람이라고 생각합니다. 좋은 것을 나누면 2배가 된다는 마음가짐과 다른 사람을 돕겠다는 의지가 필요합니다.

사실 인터넷에 검색하면 없는 정보가 없지요. 각자 찾아봐도 충분할 수 있을 텐데, 강사라는 존재가 왜 필요할까요? 강사는 자신이 알고 있는 지식을 다른 사람에게 '쉽게' 전달해 주는 '메신저' 역할을 해야 한다고 생각합니다. 그래서 많은 것을 알고 있는 것만큼 '전달력'을 갖추는 것도 중요하므로 PPT나 강의 교안 등이 의도한 만큼 100% 전달되도록 끊임없이 전달력을 키우는 연습을 해야 합니다.

**Q. 대표님께서 생각하는 좋은 강사는 어떤 사람인가요?**

**A.** 강사는 어렵게, 재미없게, 무익하게 강의하면 안 된다고 생각합니다. 이를 반대로 바꾸면 좋은 강사겠지요. 즉, 좋은 강사란 쉽게, 재미있게, 유익하게 강의하는 사람이 아닐까요?

# PART 2

# 강연 준비
# A to Z

# 강연의 첫걸음,
# 강연 계획서 작성하기

기관에서 강의를 요청받거나 강사 공고에 지원하고자 한다면 당장 필요한 것이 있습니다. 바로 강연(강의) 계획서입니다.

일부 기관에서는 자신들이 사용하는 강연 계획서 서식을 제공하기도 하지만, 강사가 편한 방식으로 작성하는 경우도 많습니다. 그러므로 미리 자신의 주력 강의에 대해 90분과 120분에 해당하는 강연 계획서를 각각 준비해 두는 것을 추천합니다. 준비된 강사는 어디에서나 환영받기 마련이니까요.

강연 계획서는 당장 강의처가 없는 강사에게도 필수적입니다. 잘 준비된 계획서는 강연 준비를 쉽게 만들어 주는 것은 물론, 실제 강연 현장에서 말이 산으로 가는 것을 방지하고, 시간을 어떻게 활용할 것인지 정리할 기회를 제공하기 때문이지요. 또, 잘 만든 계획서는 '그럴듯해 보이지만 별 영양가는 없는' 강연을 사전에 방지하는 역할도 수행합니다.

강연 계획서는 다음과 같이 크게 6가지 항목으로 구성됩니다.

1. 강의 제목
2. 강의 주제
3. 강의 목표
4. 강의 대상과 방법
5. 강의 세부 내용
6. 강의 담당자에게 요청할 내용

강의 제목은 청중의 눈길을 사로잡을 수 있어야 합니다. 동시에 강연의 내용 역시 유추할 수 있어야 하지요. 지나치게 정직한 제목은 강의에 대한 흥미를 떨어뜨리고, 그렇다고 흥미 끌기에만 집중한 제목이나 의미가 모호한 제목은 강의 신청으로 이어지기 어려우니까요. 두 가지 조건을 모두 충족하는 제목을 정하는 것은 사실 그렇게 쉬운 일이 아닙니다.

하지만 이보다 더욱 중요한 것이 있습니다. 바로 '이 강의가 필요한 사람'이 누구인지 명확하게 드러나야 한다는 점입니다. 같은 주제로 진행되는 강의라고 하더라도 세부적으로 들어가면 타깃이 다른 경우가 심심찮게 있습니다.

예를 들어, 여러분이 실용 글쓰기에 관한 강의를 찾고 있다고 가정해 봅시다. 여러분이라면 아래 두 강의 중 어떤 강의를 신청할까요?

A 강사: OOO 작가의 "글쓰기로 시작하는 내면의 성장"
B 강사: 베스트셀러 작가가 공개하는 "커리어가 되는 글쓰기"

직업 관련 실용서 쓰기를 목적으로 강의를 찾고 있는 사람이라면, B 강사의 강의가 자신에게 필요하다고 여기는 것은 당연한 이치입니다. 반면, 최근 속이 시끄러운 일이 많아 자신을 성찰하고 마음을 다스리는 글쓰기에 관한 강의를 찾고 있던 사람이라면, B 강사의 강의는 오히려 스트레스를 가중하는 강의가 될지도 모르겠네요.

다음은 필자가 진행했던 강의의 제목입니다.

> 강의 1: 학부모를 위한 ChatGPT 활용법
> 강의 2: 신인류를 위한 디지털 리터러시와 ChatGPT

두 강의 모두 ChatGPT와 관련된 강의였지만, 각 기관의 요구가 달랐기 때문에 강의의 제목과 내용이 모두 달랐습니다.

[강의 1]을 의뢰한 기관은 학부모님들이 직접 ChatGPT를 활용해 자녀 교육을 할 수 있도록 체험을 포함한 실습적인 내용이 들어가길 바란다고 말했습니다. 그래서 다음의 강의 목차가 정해졌습니다.

| 강의 1 | '학부모를 위한 ChatGPT 활용법' 강의 목차 |
| --- | --- |
| 1. ChatGPT 소개<br>① ChatGPT란 무엇인가?<br>② ChatGPT 사용 시 주의사항<br><br>2. ChatGPT, 자녀 교육에 활용하기<br>① 학습 보조 도구로서의 ChatGPT<br>② 홈스쿨링 지원 방법 | |

3. 디지털 리터러시의 중요성
    ① 학교로 들어온 디지털 리터러시
    ② 달라진 우등생의 기준


4. 실습: ChatGPT 체험하기
    ① 기본 사용법 알기
    ② 효과적인 프롬프트 작성법
    ③ 직접 질문해 보기

반면, [강의 2]를 의뢰한 기관은 ChatGPT로 대표되는 새로운 기술 앞에서 앞으로 우리 아이들의 디지털 문해력이 얼마나 중요한가에 대한 이야기가 중점이 되기를 원한다고 했습니다. 즉, ChatGPT에 대한 강의였지만, 핵심은 디지털 리터러시였던 것이지요. 그래서 [강의 2]는 실습보다는 문해력 이론에 중점을 두고 다음과 같이 강의 목차를 구성했습니다.

| 강의 2 | '신인류를 위한 디지털 리터러시와 ChatGPT' 강의 목차 |
| --- | --- |

1. 새로운 문해력, 디지털 리터러시
    ① 디지털 리터러시의 개념
    ② 전통적 문해력 vs 디지털 리터러시


2. 디지털 리터러시의 핵심
    ① 정보 탐색과 평가
    ② 디지털 콘텐츠 생성 및 공유
    ③ 온라인 커뮤니케이션
    ④ 디지털 시민의식과 윤리적 쟁점


3. 디지털 매체의 진화
    ① 소셜 미디어와 정보 소비
    ② 인공지능과 빅데이터
    ③ ChatGPT 등 AI 기술의 등장

4. 교육의 미래
　① 2022 개정 교육과정과 매체 교육
　② 디지털 교과서의 도입
　③ 어떤 정보를 어떻게 가공할 것인가?

이렇듯 강의 제목을 정할 때는 강연을 주최하는 기관의 의도와 강의 주제를 고려할 수밖에 없습니다. 예시를 통해 비교해 보니 강연 계획서의 제목이 중요한 이유, 이제 이해가 되시죠? 하지만 여전히 많은 강사님이 제목과 내용을 일치시키지 못해 청중과 강연처로부터 낮은 강의 평가를 받고는 합니다.

예를 들어, '카페 창업' 관련 강의를 들으러 갔는데, 막상 진행되는 수업 내용이 '자영업자의 스트레스 해소법'이라거나, '엄마표 학습' 관련 강의라고 해서 신청했더니, '아이와의 추억' 이야기만 한다면 이는 소위 '예고편 낚시'를 하며 관객을 기만하는 일부 영화와 다를 것이 없습니다.

대다수의 기관(특히, 공공기관)은 청중을 대상으로 강의 만족도 조사를 실시하는 일이 많으므로 낮은 강의 만족도는 곧 다음 기회의 상실로 이어진다는 점을 꼭 기억하세요.

강의 대상과 방법 역시 강연을 구성하는 데 직접적인 영향을 미치는 요소입니다. 동일한 주제로 강의를 하더라도 대상이 누구인지, 혹은 강의 방법이 온라인인지 오프라인인지에 따라 구성은 달라져야 합니다.

'글쓰기의 중요성'이라는 강의를 한 번 생각해 볼까요?

글쓰기의 중요성을 주제로 강의를 진행할 때에도 대상이 10대 청소년인지, 아니면 사회에 이제 막 한 발을 내민 사회 초년생인지, 혹은 중년층이나 황혼을 바라보는 노년층인지에 따라 강연 내용은 천차만별일 것입니다. 대상이 처한 상황, 필요한 지식, 삶의 경험이 모두 다르기 때문입니다.

간혹 강의 대상자가 누구인지 사전에 알려주지 않는 기관들이 있습니다. 하지만 이런 경우에도 반드시 강사가 직접 체크해야 합니다. 그래야만 눈높이에 맞는 강의를 설계하고 교안 등을 준비할 수 있기 때문입니다. 이때 강의 대상자는 구체적으로 파악하는 것이 좋습니다. 강의 대상이 '성인'이라고 해서 3040 세대를 중심으로 강의를 구성했는데, 막상 강의 장소에 도착해 보니 시니어를 대상으로 진행해야 하는 강의라면 준비해 간 예시와 자료, 회심의 농담 같은 것들이 모두 무용지물이 되고 말겠지요? 이러한 불상사를 방지하기 위해서라도 강의 계획서의 '대상'은 구체적으로 설정되어야 합니다.

코로나19 시기를 거치며 강연 생태계에는 큰바람이 하나 불어왔습니다. 바로 온라인 줌 강연입니다. 똑같은 주제와 대상으로 진행하는 강연이라고 하더라도 온라인이냐 오프라인이냐에 따라 강연의 구성이 달라져야만 합니다.

이유는 바로 집중도와 참여도! 기관 측에서는 참여를 독려하기 위해 수강생들에게 카메라와 마이크를 켜 달라고 요청하지만, 대부분의 경우 수강생의 참여를 끌어내는 것은 쉽지 않기 때문에 온라인 강연에서는 '오픈 질문(확장형 질문)'은 자제하는 것이 좋습니다.

채팅을 통해 의견을 나눌 수도 있으나 강사와 청중 사이에 딜레이가 존재하므로 실시간 소통이 어렵고, 태블릿 PC나 휴대폰으로 참여한 사람들은 강연을 들으면서 자신의 의견을 채팅창에 입력하는 것을 매우 귀찮아하는 경향이 있습니다. 그러므로 온라인 강연에서 반응을 유도한다면 '1번일까요, 2번일까요? 올려 주세요.'라는 식의 폐쇄형 질문을 하거나, 누구라도 의견을 낼 수 있을 만한 정답이 없는 질문을 하는 것이 유용합니다. 만약 당신의 다음 강연 방법이 온라인으로 결정되어 있다면, 반드시 교안에서 청중 참여 부분을 점검할 필요가 있습니다.

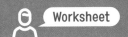 

# 강연 계획서 작성하기

직접 칸을 채워 보며 자신만의 강연 계획서를 작성해 보세요!

| 강연 제목 | | 강연 방법 | |
|---|---|---|---|
| 강연 주제 | | 강연 대상 | |
| 강연 목표 | | 수강 인원 | |

| 강연 내용 | | |
|---|---|---|
| 구분 | 세부 교육 내용 | 비고 |
| 강연 내용<br>(2시간) | | |
| 담당자에게<br>요청할 내용 | | |

# 누구나 쉽게 따라하는 교안 작성법

'교안'을 국어사전에서 찾으면 '교과 지도를 위해 미리 짜놓은 안'이라고 풀이되어 있습니다. 비슷한 말로는 학습 지도안이 있지요. 하지만 강연 및 강의 시장에서 교안은 조금 다른 의미로 쓰입니다. 바로 '청중에게 띄울 PPT'입니다. 따라서 강연처에서 "강연 계획서와 교안은 목요일까지 부탁드립니다."라고 말한다면, 한글이나 워드로 작성한 강연 계획서와 실제 수업에 사용할 PPT 자료를 모두 목요일까지 전송해야 한다는 의미입니다. 최근에는 실습이 주가 되는 강의에서도 이론적인 설명을 추가하는 추세이기 때문에 PPT로 강의 교안을 만드는 것은 강사들의 기본적인 덕목이 되었습니다.

"저는 컴맹이라서요. PPT를 만들 생각만 해도 벌써 머리가 지끈거려요."

PPT를 만들어야 한다는 말에 지레 겁을 먹는 예비 강사들이 많습니다. 디자인을 해 본 경험도 없고, PPT 프로그램 자체가 생소해 더 멀게만 느껴지는 것입니다. 그러나 걱정하지 마세요. 최근에는 디자인에 도움이 될 만한 사이트가 많아졌으니까요. 미적 감각이 조금 부족하더라도 마치 디자인 전문가가 만든 것 같은 교안을 손쉽게 만들 수 있답니다.

'미리캔버스[2]'와 '망고보드[3]'는 유·무료로 PPT 템플릿, 섬네일, 시각 자료 등을 만들 수 있는 디자인 플랫폼입니다.

## ⭕ 대표적인 디자인 플랫폼

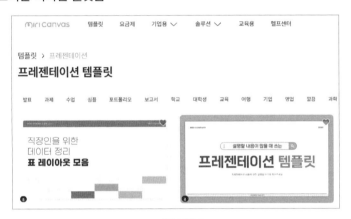

▲ 미리 캔버스

▲ 망고보드

---

2) 사이트 주소: https://www.miricanvas.com/ko

3) 사이트 주소: https://www.mangoboard.net

이와 같은 디자인 플랫폼은, 직관적인 사용법으로 디자인 작업에 익숙하지 않은 사람들도 손쉽게 교안을 만들 수 있도록 도와줍니다. 하지만 이러한 사이트를 이용해 템플릿을 만들 때는 모든 디자인 요소를 사이트 내에서 해결해야 하므로 표현의 한계를 느낄 수 있습니다. 그렇기 때문에 이러한 제약에서 벗어나기 위해 PPT 프로그램을 직접 사용하여 요소들을 배치하고 교안을 만들고자 하는 강사님도 많습니다.

하지만 템플릿 디자인 작업에 어려움을 느끼는 경우도 있겠지요? 이런 경우라면 '크몽[4]' 등의 프리랜서 중개 플랫폼에서 전문가를 검색한 뒤 직접 디자인을 의뢰하거나 자신에게 맞는 템플릿 디자인을 단일 구매하여 활용하는 방법도 있습니다. 비용은 조금 더 들지만 디자인 플랫폼에 업로드되어 있는 자료와는 달리 자신만의 개성을 나타낼 수 있고, 인터넷 연결이 불가능한 상황에서도 작업이 가능하다는 장점이 있으므로 자신에게 맞는 방식을 찾는 것이 좋겠지요?

**ㅇ 대표적인 중개 플랫폼**

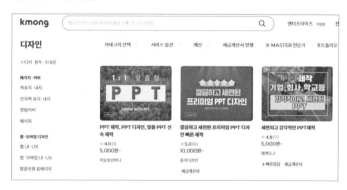

▲ 크몽

---

4) 사이트 주소: https://kmong.com

디자인에 대한 걱정을 덜었다면 이제 본격적으로 교안 작성의 기본 원칙에 대해 이해할 시간입니다.

실질적인 PPT 교안 제작에 앞서 먼저 해야 할 것은 교안의 개요를 작성하는 일입니다. 전체 강의 내용을 고려하여 파트를 나누어야 하는데, 일반적으로 '장'과 '절'로 구분하는 것이 좋습니다. 장은 강의에서 필수로 전달해야 하는 핵심 내용으로, 총 강의 시간에 따라 3~5장으로 나누는 것을 추천합니다. 각 장은 다시 2~4개의 절로 나누어야 하는데, 일련의 구성만 보더라도 강의의 전반적인 흐름이 드러나고 주제가 무엇인지 이해할 수 있어야 좋은 분절이라고 할 수 있습니다. 절은 필요에 따라 다시 여러 항으로 나눌 수도 있습니다.

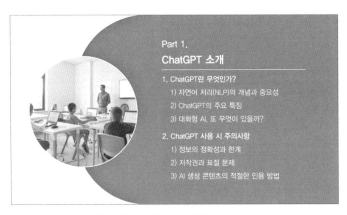

▲ 장의 구성이 드러나는 소표지 슬라이드 예시

통상 하나의 절은 10장 이하의 슬라이드(페이지)로 나누어 구성하는 것이 적절합니다. 만약 하나의 절을 설명하는 데 10개 이상의 슬라이드가 필요하다면, 교안의 분절에 대해 다시 생각해 보는 것이 좋습니다. 단, 단순히 그림 자료 등을 보여주기 위해 삽입된 페이지는 예외로 합니다. 참고로 강의 시간별 적정 슬라이드 수는 일반적으로 10분당 4~5장입니다.

교안의 분절 작업이 끝났다면 이제는 개별 슬라이드를 제작해야겠지요? 초보 강사들의 실수는 바로 이 실질적인 제작 부분에서 가장 많이 발생합니다.

"PPT만 봐도 쉽게 내용을 이해할 수 있도록 해 드리고 싶은 마음에 최대한 자세하게 글을 풀어 쓰고 자료도 많이 넣었거든요. 그런데 오히려 수강생들의 집중력이 떨어지는 느낌이 들었어요."

여기에서 생각해 볼 문제가 있습니다.
교안은 교재일까요?

정답은 '교안은 교재가 아니다.'입니다. 교안은 강의를 듣는 수강생들이 핵심 내용을 이해하기 쉽도록 돕는 보조 자료이지요. 강연에 사용할 PPT의 용도는 교재와 다릅니다. 다음에 제시된 자료를 통해 교재에 어울리는 자료와 PPT 교안에 더 어울리는 자료를 확인해 보세요.

## 마케팅의 4P 전략

<마케팅의 4P 전략이란?>
- 1960년대 미시간 주립대학교의 제롬 매카시 교수가 제안한 마케팅 믹스 요소
- 제품(Product), 가격(Price), 유통(Place), 판촉(Promotion)을 의미
- 이는 현대 마케팅의 기초가 되는 중요한 개념으로 사용

<4P 전략 구성>
• Product(제품)
: 소비자의 필요와 욕구를 충족시키는 유/무형의 모든 것을 의미하며, 품질, 디자인, 브랜드, 포장 등이 포함
• Price(가격)
: 제품의 가치를 금전적으로 환산한 것으로, 소비자가 지불하는 비용입니다. 할인정책, 지불조건 등이 포함
• Place(유통)
: 생산된 제품이 최종 소비자에게 전달되는 과정과 관련된 모든 활동을 의미합니다. 유통경로, 입지, 재고, 운송 등이 포함
• Promotion(판촉)
: 기업과 제품에 대한 정보를 소비자에게 전달하고 구매를 촉진하는 모든 활동을 의미합니다. 광고, PR, 판매촉진 등이 포함

▲ 교재에 어울리는 자료 예시

▲ PPT 교안에 어울리는 자료 예시

수강생들은 강사의 말을 더 잘 이해하고 강연 내용에 더욱 집중하기 위해 PPT 를 보조적 수단으로 활용합니다. PPT를 뚫어져라 쳐다보면서 혹시 놓친 내용이 없을까 전전긍긍하며 사진을 찍거나 필기에 열을 올리지는 않는다는 뜻입니다. 따라서 우리는 PPT 교안과 같은 학습 보조 자료를 만들 때 몇 가지 원칙을 숙지해야 합니다.

첫째, 핵심 키워드를 중심으로 슬라이드를 구성하라.
교안은 긴 문장으로 설명하기 보다는 한 단어, 혹은 한 구절이나 문장으로 강조하는 것이 좋습니다. 너무 많은 정보는 강사의 설명에 대한 흥미를 떨어뜨리고 참여도를 낮출 수 있습니다.

내용이 많은 PPT를 준비했을 경우 강사 역시 자연스럽게 슬라이드를 보고 읽는 식의 강의를 진행할 확률이 높아지기 때문에 아무리 좋은 내용이 자료에 담겨 있다고 하더라도 수강생의 입장에서는 '그냥 보고 읽는 수업이던데?' 하고 생각할 수 있습니다. 그렇게 된다면 강사에게 치명적인 리뷰를 남길 위험 역시 커질 수 있습니다.

둘째, 여백을 두려워하지 말라.

초보 강사들은 빈 공간에 두려움을 느끼는 경우가 많습니다. 빈 공간이 있으면 '모자란다.'는 생각이 들어 이를 채우기 위해 불필요한 정보나 중요하지 않은 정보까지 끌고 오기 십상이지요. 하지만 적절한 여백은 중요한 내용을 돋보이게 하고, 수강생들의 시선을 핵심 내용으로 이끌어주는 역할을 하므로 기피할 이유가 없습니다.

셋째, 가독성을 중시하라.

PPT 교안은 가장 뒷자리에 앉은 수강생도 불편함 없이 볼 수 있도록 구성되어야 합니다. 따라서 주요 내용은 최소 28포인트 이상, 부가 설명도 24포인트 이상의 크기는 될 수 있도록 준비하는 것이 좋습니다.

또한, 시각적인 효과도 중요합니다. 따라서 PPT의 주제와 내용에 따라 어울리는 글꼴, 배경 색상, 레이아웃 등을 신중하게 구성해야 합니다. 분위기에 어울리는 배경색을 선택한 후 이를 고려하여 글꼴과 색상을 선택하는 것이 좋습니다. 이때 특정 내용을 강조하고 싶다면 다른 글꼴이나 색상을 선택하거나 굵기에 변화를 주는 방법을 택할 수도 있습니다. 마지막으로 신경 써야 하는 부분은 텍스트나 자료의 배치인데, 가독성을 고려하여 간격이나 정렬 등에 주의해야 합니다. 그리고 필요에 따라 아이콘 등을 사용해서 화면을 풍성하게 꾸밀 수도 있습니다.

## 교안을 풍부하게 해 주는 무료 이미지 및 아이콘 사이트

- 픽사베이(무료 이미지 사이트): https://pixabay.com/ko
- 프리픽(무료 그래픽 소스 사이트): https://kr.freepik.com
- 플래티콘(무료 벡터 아이콘 사이트): https://www.flaticon.com/kr

교안 제작은 강의의 완성도를 좌우하는 요소입니다. 그러나 교안 자체의 완성도를 높이기 위해 필요 이상의 노력을 기울이는 것은 권장하지 않습니다. 강의를 진행해 나갈수록 자신의 강의 스타일에 맞게 교안은 점차 개선될 것이기 때문입니다.

교안은 결국 강의를 위한 도구입니다. 아무리 멋지고 화려한 교안이라고 하더라도 강사의 전문성이나 열정이 뒷받침되지 않는다면 돼지 목에 진주목걸이인 셈이지요. 따라서 교안 제작에 시간을 투자하는 것보다 더욱 중요한 것은 전달하고자 하는 내용에 대한 통찰이라는 점을 잊지 마세요.

계획한 강의의 교안 작성이 끝났다면, 다음 쪽에 제시한 체크리스트에 따라 점검해 보세요. 처음에는 체크리스트의 항목을 하나씩 확인하며 점검하는 데 시간이 오래 걸릴지도 모릅니다. 하지만 초보일 때 이렇게 확인하는 습관을 들여 놓는다면 나중에는 자연스럽게 완성도 높은 교안을 만들 수 있게 될 것입니다.

# 교안 점검 체크리스트

| | 체크해 보세요. | 예 | 아니요 |
|---|---|---|---|
| **내용적 측면** | 전체 구성이 강의 목표에 부합하는가? | ☐ | ☐ |
| | 각 장과 절의 흐름이 자연스러운가? | ☐ | ☐ |
| | 각 슬라이드 별 분량이 적절한가? | ☐ | ☐ |
| | 예시나 설명이 효과적으로 활용되었는가? | ☐ | ☐ |
| **형식적 측면** | 오탈자나 문법적 오류는 없는가? | ☐ | ☐ |
| | 이미지 등의 해상도는 적절한가? | ☐ | ☐ |
| | 글씨의 크기 등 가독성이 적절한가? | ☐ | ☐ |
| | 템플릿 디자인이 일관성 있게 적용되었는가? | ☐ | ☐ |
| **기술적 측면** | 파일의 용량이 적절한가? | ☐ | ☐ |
| | 백업 파일이 준비되었는가? | ☐ | ☐ |
| | PPT를 이미지 파일로 변환했는가? | ☐ | ☐ |
| | QR코드 등 링크가 정상적으로 작동하는가? | ☐ | ☐ |

# 보여지는 것도 중요하다

강연 계획서나 교안과 마찬가지로 미리 준비해야 할 것이 하나 더 있습니다. 바로 프로필 사진과 대표 약력입니다.

강연 섭외를 하거나 지원서를 받을 때 사진과 약력을 요청하는 것은 강연 계획서를 요구하는 것만큼이나 필수적인 과정으로 자리 잡고 있습니다. 다만, 일부 강연처에서는 강연이 코앞에 다가왔을 때 급하게 프로필 사진 등을 요구하기도 합니다. 강연 홍보물을 만드는 시기가 강연처마다 다르기 때문에 벌어지는 일이지요.

미처 생각지 못하고 있다가 이러한 요구를 갑자기 받게 되면, 초보 강사들은 부랴부랴 자료를 준비하느라 고생하기도 하지요. 특히, 프로필 사진이 그렇습니다. 이력이나 약력은 바로 정리해서 넘긴다고 하더라도 강연 포스터나 자료집 등에 실릴 사진을 급하게 찍는 것은 어려운 일이기 때문에 미리 준비하지 못한 상황이라면 당황할 수밖에요.

전문 사진작가와 촬영해 본 경험은 기껏해야 가족사진이나 결혼사진 촬영 정도가 전부인 일반인에게 프로필 사진 촬영은 조금 막막한 부분일 수 있습니다. 따라서 이제 막 강연 준비를 시작하는 예비 강사는 당장 어떤 스튜디오에 촬영 예약을 해야 하는 것인지부터 메이크업과 헤어, 의상과 소품 등을 결정하는 것까지 모든 것이 고민될 수밖에 없을 테니까요.

이렇게 고민하는 자신을 자각하고 다 포기하고 싶었던 적이 있다는 강사님들도 있습니다. 나중에야 프로필 사진이 뭐라고 그렇게까지 걱정했나 싶지만, 사람은 익숙지 않은 것을 마주하면 주저하기 마련이니 이상한 일은 아닙니다.

사실 프로필 사진은 청중에게 가장 먼저 선보이는 부분이므로 고심하는 것도 무리는 아닙니다. 한 번 상상해 보세요. 평소 듣고 싶었던 강의가 우리 지역의 어떤 기관에서 열린다고 해서 살펴봤더니 관련 자료에 휴대폰으로 찍은 강사의 셀카가 실려 있다면 어떨 것 같으세요? "소개팅하는 것도 아닌데 사진이 그렇게 중요한가요?"라고 말하는 분들도 계실 테지만, 분명히 '전문가가 맞을까?' 하고 의구심을 품게 되는 분들도 있을 것입니다. 이미지가 모든 것을 설명해 주지는 못하지만, 글로 확인할 수 없는 것을 알려주기도 하니까요.

사람의 뇌는 텍스트 정보와 이미지 정보가 함께 있을 때, 이미지 정보를 훨씬 더 빠르게 받아들이는 경향이 있다고 합니다. 따라서 사람들에게 인식되고 싶은 자신의 대표 이미지를 설정하고 그에 부합하는 사진을 미리 준비해 두는 것을 추천합니다.

그렇다고 반드시 아름답고 멋진 사진이 필요하다는 뜻은 아닙니다. 프로필 사진은 '강사가 보여주고 싶은 특정 이미지'를 시각화한 것입니다. 청중은 강사의 프로필 사진을 통해 보다 많은 정보를 얻고, 강사를 판단하게 됩니다. 심리학에서는 이를 두고 '프레이밍 효과'라 부르기도 하지요.

따뜻하고 친절한 이미지를 원한다면, 딱 떨어지는 슈트를 차려입고 카리스마 있는 표정을 짓는 것보다는 카디건이나 여유 있는 셔츠를 착용하고 입가에 미소를 짓는 등 부드러운 표정을 유지하는 것이 적합할 것입니다. 반대로 카리스마 있고 도회적인 분위기를 원한다면, 강한 색감의 옷차림과 가슴을 완전히 여는 포즈가 도움이 되겠지요.

직업의 특성을 보여주는 소도구와 배경을 활용하는 것도 좋은 방법입니다. 이미지 블렌딩 전문가들은 소품을 적절하게 활용하는 것이 전문성에 대한 인식 제고에 도움이 될 수 있다고 조언합니다. 작가가 도서관의 책장을 배경으로 촬영하거나 바리스타가 카페에서 일하는 장면을 스냅 촬영하는 것을 예로 들 수 있습니다. 연주자들이 자신의 악기를 들고 사진을 찍는 것 역시 도구를 활용하여 자신이 누구인지 한눈에 보여줄 수 있는 방법입니다. 의사의 가운, 소방관의 방화복, 파일럿의 비행복 등 직업의 정체성을 보여줄 수 있는 의상이 있다면 이를 활용하는 것도 좋겠지요?

만약 이것저것 신경 쓰기 어려운 상황이라면, 흑백 사진을 선택해 보는 방법도 있습니다. 셀프 사진관에서 큰 인기를 끌고 있는 흑백 사진으로 촬영하면, 때로는 훨씬 강렬한 인상의 사진을 남길 수도 있을 것입니다. 다양한 색채나 도구의 방해 없이 인물 그 자체의 표정과 분위기에 집중할 수 있기 때문에 오히려 지적인 이미지를 강조하거나 시간을 초월한 전문성을 드러낼 수 있는 것이지요.

## 촬영 스튜디오 선택 전 체크리스트

| | 체크해 보세요. | 예 | 아니오 |
|---|---|---|---|
| 1 | 전문가 프로필 사진 촬영 경험이 있는가? | ☐ | ☐ |
| 2 | 작업물의 스타일이 내가 추구하는 방향과 일치하는가? | ☐ | ☐ |
| 3 | 촬영 후 보정 작업 범위와 보정 컷 수는 적절한가? | ☐ | ☐ |
| 4 | 제공받는 최종 사진의 컷 수는 적절한가? | ☐ | ☐ |
| 5 | 요청하는 형식의 디지털 파일 제공이 가능한가? | ☐ | ☐ |
| 6 | 배경 및 세트 구비는 되어 있는가? | ☐ | ☐ |
| 7 | 의상 대여 서비스 제공은 가능한가? | ☐ | ☐ |
| 8 | 의상 교체 가능 여부 및 교체 횟수는 적절한가? | ☐ | ☐ |
| 9 | 헤어/메이크업 서비스 제공은 가능한가? | ☐ | ☐ |

프로필 사진이 준비되었다면 다음은 약력 및 이력을 다듬는 작업을 해야 합니다. 간혹 '다듬는다'는 말을 잘못 이해하여 없는 경력을 지어내거나 과장하는 것처럼 생각하는 경우가 있는데, 이는 절대 금물입니다. 모든 이력과 약력은 사실을 기반으로 나를 좀 더 잘 보여주기 위해 다듬는 것이지 누군가를 속이기 위한 과정이 되어서는 안 됩니다.

이력 및 약력을 작성하는 첫 번째 방법은 타깃 청중에 맞추는 것입니다. 강연 주제와 맞는 경력을 먼저 배치하고 불필요한 정보는 과감히 생략하는 것이 좋습니다.

필자는 매년 학원 프랜차이즈의 의뢰를 받아 강사님들의 역량 강화 교육을 몇 차례 진행하는데, 이때 저는 『절대 실패하지 않는 작은 학원 운영 백서』의 대표 저자임을 가장 먼저 밝힙니다.

하지만 도서관이나 학교 등에서 학부모님들을 대상으로 입시 및 진로에 관해 강의할 때는 『입시를 알면 아이 공부가 쉬워진다』, 『초등 국영수 공부법』 등의 저자임을 가장 상단에 제시하지요.

아주 다른 분야의 강의를 할 때도 마찬가지입니다. 2022년 이후, 우연한 계기에 웹소설 작가로 데뷔한 뒤, 웹소설 관련 강의 의뢰가 들어올 때는 앞서 언급한 저서나 입시 컨설턴트로서의 경력 등은 모두 삭제하고, 출간한 웹소설의 작품명과 필명, 그리고 수상 경력 등만 공개하지요.

이렇게 강연의 성격에 맞게 약력을 다듬는 이유는 강사 개인에 대한 청중의 관심이 생각보다 적기 때문입니다. 귀한 시간을 내어 강연장까지 온 청중들은 강사의 인생을 궁금해 하는 것이 아닙니다. 그들은 자신이 관심 있었던 강의 주제에 이끌려 온 것이므로 강사의 전문성만 확보된다면 충분하다고 여깁니다. 따라서 그날의 강연과 관련이 없는 다른 이력은 그저 산만한 스팸에 불과하지요.

두 번째 방법은 구체적인 숫자를 활용하는 것입니다. 구체적인 숫자는 모호한 표현보다 신뢰성을 구축하는 데 훨씬 더 효과적입니다. '다수 수강생 교육'이라고 표현하는 것보다는 수치화된 정보를 제시하여 '10년간 1,000명 이상의 학생을 티칭 & 코칭'이라고 기재하는 것이 더 믿음직스럽게 여겨질 것입니다.

이처럼 강사의 성과를 계량화하여 구체적인 수치로 제시하면, 강사의 전문성과 수준을 가늠할 수 있을 뿐만 아니라 이미지화하기가 쉬워 기억하기도 훨씬 수월해집니다.

또한, 자신의 성과를 수치로 표현하는 연습은 강사로서 발전하는 데에도 도움이 됩니다. 자신감을 되찾게 해 줄 뿐만 아니라 앞으로 나아가야 할 방향이나 달성하고자 하는 구체적 목표를 설정하는 기준이 되어 지속적인 성장을 이끌어 주기 때문입니다.

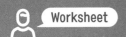 

# 나의 경력 다듬기

경력 다듬기 예시

| Before | After |
|---|---|
| 김 작가<br>▶ '즐거운 에세이 쓰기' 강의 진행 중<br>▶ 다수 작가 지망생 멘토링 진행 중<br>▶ ○○ 대학 심리학과 졸업<br>▶ 다수 출판사에서 글쓰기 관련 도서 출간<br>▶ 다수 문학상 수상<br>▶ 각종 매체 칼럼 기고<br>▶ 독서 치료 1급 자격증 | 김 작가 / 작가, 글쓰기 교육 전문가<br>▶ ○○ 일보 '오늘의 글쓰기' 칼럼니스트<br>　(2023~현재)<br>▶ ○○ 서점 인문학당 '즐거운 에세이 쓰기' 강<br>　사 (2022~현재)<br>　* 누적 수강생: 2,400명<br>　* 강의 만족도 평가: 4.8/5.0<br>▶ 저서 『글쓰기의 기술』(글쓰기 분야 베스트셀<br>　러) 외 3권<br>▶ 제12회 ○○ 문학상 신인상 수상 등 |

✖ 나의 경력을 다듬어 보세요.

| Before | After |
|---|---|
| | |

# 강사에게 SNS는 필수일까?

결론부터 말하자면,
강사에게 SNS는 필수입니다.

블로그, 유튜브, 인스타그램 등 무엇이든 좋습니다.
하지만 분명한 것은 무엇이든 해야 한다는 점입니다.

이유는 간단합니다.
강연을 찾는 사람이 당신과 당신의 강연을 확인할 수 있는 온라인 공간이 필요
하기 때문입니다. 아무리 좋은 강사와 강연이 있다고 해도 강연을 기획하는 담
당자의 눈에 띄지 않으면, 세상에 가치가 알려지기까지 얼마나 오랜 시간이 걸
릴지 아무도 알 수 없는 일이니까요.

"저는 I[5]거든요. SNS에 제 이야기를 올린다는 게 조금 부담스러워요."

여러 이유로 SNS를 운영하는 것 자체에 부담을 느끼는 초보 강사가 많습니다. 하지만 생각을 조금만 바꿔 보세요. 인스타그램 인플루언서가 될 필요도, 블로그 일 방문자 수가 천 명이 넘는 파워 블로거가 될 필요도 없습니다. 실제로 필자가 운영하는 강사용 블로그의 하루 방문자는 50명이 채 되지 않습니다. 하지만 매달 블로그와 인스타그램을 통해 꾸준히 강연 의뢰를 받고 있지요.

강사에게 SNS는 자신의 진짜 모습을 가감 없이 드러내는 일기장도 아니고, 강의 노하우를 모두 공개하는 책도 아닙니다. 관객의 시선을 사로잡기 위해 기술을 총동원한 특수 효과 범벅의 영화의 스틸 컷은 더더욱 아니지요.

강사에게 SNS는 일종의 팸플릿(안내 책자)입니다.
자신은 어떤 사람인지, 어떤 강의를 했는지, 자신의 강의는 어떤 사람들에게 도움이 되는지, 다른 강의와 어떻게 차별화되는지를 알려주는 팸플릿 말입니다. 따라서 강사가 운영하는 SNS는 팸플릿의 용도에 맞게 구성되면 그뿐입니다.

방문자가 하루에 10명이면 어떤가요? 10명이 모두 강사를 구하기 위해 방문한 섭외 담당자라면 소기의 목적은 이미 달성하고도 남은 것 아니겠습니까? 그러니 초보 강사가 SNS를 꾸리려고 한다면, 방문자 수나 댓글 수, 블로그 지수 같은 것은 일단 후순위로 미뤄두고 본질에 우선 집중해야 합니다.

---

5) 개인의 성격 유형을 평가하는 MBTI 유형에서 'I'는 내향적 성향을 나타낸다.

"그런데 강사님, 블로그 같은 경우에는 노출되려면 블로그 지수가 높아야 한다 던데요. 그럼 방문자 수가 중요한 것 아닌가요?"

블로그 지수 및 검색 상위 노출에 대한 개념을 이미 알고 있다면, 위와 같은 의문이 들 수도 있습니다. '네이버'나 '다음'과 같은 대형 검색 포털 사이트는 자신들만의 로직에 근거하여 좋은 정보라고 판단되는 글을 우선하여(상위에) 검색 결과로 보여주니까요. 즉, 포털의 선택을 받아야만 자신이 쓴 글을 사람들에게 선보일 수 있다는 것입니다.

그래서 포털의 눈에 띌 기회를 잡기 위해 어떤 분들은 우선 '블로그를 키우기' 위해 자신의 강의 분야와는 전혀 상관없는 맛집 정보나 행사 정보, 화제성이 있는 드라마 이야기와 같은 여러 주제의 글을 동시다발적으로 포스팅하기도 합니다. 하지만 이 경우에는 주의해야 할 점이 몇 가지 있습니다.

첫째, 수단이 목적을 압도해서는 안 됩니다.
일반적으로 맛집이나 여행, 기타 생활 밀착형 키워드나 정보성 키워드는 당신의 강연 주제보다 훨씬 더 많은 검색량을 기록할 것이 분명합니다. 조회 수에서 차이가 나는 것은 당연하다는 말입니다.

하지만 당장 몇 배나 껑충 뛰어오른 조회 수와 방문자 수를 보고 있으면 대부분의 사람들은 이 결과를 계속해서 유지해 나가기를 바라게 되지요. 그래서 결국 조회 수에 별 보탬이 되지 않는 강연 이야기는 점차 줄어들고 어느새 블로그의 주제는 모호해지고 맙니다.

이는 여러분의 잘못이 아닙니다.

제품과 회사의 가치를 알리기 위해 만든 사이트와 달리 각각의 글마다 조회 수가 드러나고 매일 방문자 수가 갱신되며 댓글 수와 '좋아요' 수가 드러나는 SNS의 특성은 자신도 모르는 사이에 독자 혹은 방문자의 반응에 신경 쓰게 만드니까요. 하지만 그럼에도 불구하고 강사의 SNS는 본질인 '강의' 관련 게시글의 노출을 최우선적으로 생각해야 합니다.

둘째, 카테고리는 반드시 분화해야 합니다.
주제별로 글을 묶는 것은 기본 중의 기본입니다. 검색을 통해 블로그에 접속한 사람들의 시야에 가장 먼저 들어오는 글은 같은 카테고리를 기준으로 위아래에 위치한 글이기 때문이지요. 그러니 독자의 흥미를 유지하기 위해서는 카테고리 분류가 무엇보다 중요합니다.

단, 지나친 세분화는 좋지 않습니다. '강연 내용', '강연 후기', '강연 계획'은 모두 '강연'이라는 카테고리로 묶어도 좋습니다. 여러분의 강연 내용에 흥미를 느낀 사람은 청중의 반응과 앞으로의 강의 계획도 궁금할 테니까요! 다만, 방문자 수를 늘려 게시글 발행의 재미를 느끼고 싶다면, 독자의 주의를 흐트러트리지 않도록 강연 외의 내용은 '일상' 혹은 '맛집' 등 새로운 카테고리를 생성하여 게시하는 것이 좋습니다.

만약 인스타그램을 운영하고자 한다면, 게시글의 순서를 통해 계정의 정체성이 '강연'이라는 것을 보여주는 방법도 있습니다. 한 줄에 세 장의 이미지가 보이는 인스타그램의 특성을 활용하여 강연 관련 게시글을 하나 올렸다면, 그 다음 두 장의 이미지는 연속해서 일상적인 글을 게시하는 것입니다. 이런 식으로 게시한 글이 쌓이다 보면 강연에 관한 글이 한 줄에 종렬로 배치되면서 자연스럽게 계정의 운영자가 강연하는 사람이라는 것을 드러낼 수 있습니다.

셋째, 화제성 키워드는 자주 사용하지 않아야 합니다.

SNS를 운영하다 보면 자신의 의도와 관계없이 화제의 중심으로 떠오른 키워드가 포함된 글이 노출되어 방문자 수가 급증할 수 있습니다. 평소의 수십 배가 넘는 방문자 수는 사고를 마비시킵니다. 엔도르핀이 마구 뿜어져 나오고 우리의 뇌는 다시 한 번 이 기쁨을 맛보기를 원할 것입니다. 마침 방법도 알고 있지요.

만약 당신이 유명 프랜차이즈 카페에서 대대적인 이벤트를 시작할 예정이라는 정보를 시기적절하게 입수한다면, 이를 포스팅하는 것은 방문자 수를 늘리는 가장 확실한 방법이 될 것입니다. 하지만 반복된 화제성 키워드 사용은 블로그의 건강 상태를 망칩니다.

우선 화제성 키워드로 일어나는 유입은 장기간 유지되기 어렵습니다. 이벤트 기간은 한정되어 있고, 이 기간이 지나면 자연스럽게 유입은 감소하기 마련이지요. 게다가 화제성 주제에 편승한 글의 가장 큰 문제는 '페이지 체류 시간'이 극단적으로 짧다는 점입니다. 포털 사이트는 체류 시간이 짧은 글을 '가짜 정보가 있는 글' 혹은 '쓸 만한 정보가 없는 글'이라고 판단합니다. 이런 글들이 상위에 노출된다면 포털 사이트의 신뢰도에도 문제가 생길 수 있습니다. 따라서 이런 화제성 주제의 글을 지속적으로 포스팅한다면 블로그 자체에 좋지 않은 낙인이 찍히게 됩니다. 흔히 말하는 '저품질 블로그'가 되는 셈이지요.

여기서 잠깐! 포털 사이트는 사용자에게 양질의 정보를 제공하기 위해 계속해서 검색 로직을 바꾸기도 하고 진화를 거듭하고 있습니다.

블로그는 기본적으로 '검색어 기반' SNS입니다. 이미지나 인기도를 기반으로 하는 인스타그램과는 전혀 다른 노출 방식을 택하고 있다는 뜻이지요. 따라서 아무리 좋은 내용이더라도 키워드를 정확하게 선정하지 못하면 노출도에서 디메리트를 얻게 되고, 이는 자신의 강의 정보를 전달할 때 걸림돌이 되고 맙니다.

간혹 키워드를 제목에 많이 넣으면 검색어 노출이 잘될 것이라는 생각에 우를 범하는 경우도 있습니다.

[성교육강사/성교육특강/성교육/청소년성교육] ○○ 초등학교 성교육 특강을 한 성교육전문 강사입니다.

▲ 키워드를 많이 넣은 제목 예시

물론 예전에는 다양한 키워드를 넣는 것이 유용할 때도 있었습니다. 하지만 지금은 포털 사이트에서 사용하는 검색어 로직이 많이 똑똑해졌고, 더 이상 '이 중에서 뭐 하나만 걸려라.' 식의 키워드 노림수가 통하지 않습니다. 다시 말해, 결국 정도(正道)를 지켜야 한다는 것이지요. 이와 같은 이유로 제목은 핵심적인 키워드 1~2개를 사용해서 짓는 것이 좋습니다.

[성교육강사]와 같이 하나 정도의 키워드를 말머리처럼 사용해도 좋고, '○○ 초등학교에 성교육 특강을 다녀왔습니다.'와 같이 문장형 제목에 키워드를 자연스럽게 삽입하는 것도 좋습니다.

키워드를 어떻게 골라야 할지 모르겠다면 키워드마스터[6]를 활용해 보세요.

......................................................................................................

6) 사이트 주소: https://whereispost.com/keyword

키워드 마스터는 지난 30일간 포털 사용자들이 해당 키워드를 얼마나 검색했는지 알려줍니다.

만약 여러분이 성교육을 하는 강사라면 '성교육강사'와 '성교육 강의'의 검색량을 비교한 후, 어떤 키워드를 공략할 것인지 결정할 수 있겠지요?

| - | 키워드 | PC 검색량 | 모바일 검색량 | 총조회수 |
|---|---|---|---|---|
| - | 성교육 강의 | 10 | 60 | 70 |
| - | 성교육강사 | 170 | 880 | 1,050 |

▲ 키워드 마스터 검색 예시

잠재 청중이 어떤 키워드에 관심이 많은지 알아봤다면 이제 제목을 정할 차례입니다. Who(누가), When(언제), Where(어디서), What(무엇을)을 중심으로 제목을 구성해 보세요.

**포스팅 제목 구성 방법**

- 4/12 '아들과 딸의 성교육은 달라야 한다.' by 성교육 강사 ○○○
  ▶ When(언제) / What(무엇을) / Who(누가)

- 4월 12일 온라인 특강 '아들의 성교육, 딸의 성교육' 성교육 강사 셀프 후기
  ▶ When(언제) / Where(어디서) / What(무엇을)

- 성교육 강사 ○○○의 온라인 강의, '왜 아들과 딸의 성교육은 달라야 할까요?'
  ▶ Who(누가) / Where(어디서) / What(무엇을)

짧은 제목에서 충분히 드러내기 어려웠던 요소들은 포스팅하는 글에서 구체적으로 보여주면 됩니다. 본문에서 핵심 키워드를 적절히 반복하여 사용하는 것 역시 검색 알고리즘에 반영되기 때문입니다.

제목을 작성했다면 포스팅할 글을 구성해 볼까요? What(무엇을), How(어떻게), Why(왜)를 생각하면서 글을 작성하면 블로그 방문자들이 강연에 대해 보다 잘 이해할 수 있게 될 것입니다. 그뿐만 아니라 섭외 담당자가 기관(단체)에서 기획 중인 강연에 어울릴 만한 내용인지 충분히 가늠할 수 있기 때문에 이에 따라 강연 의뢰 가능성도 높아질 것입니다.

간혹 강연에서 보여줄 내용을 미리 블로그에 공개하면서 강의 내용 유출을 걱정하는 분들이 있습니다. 혹은 공개한 자료에 의해 고민하던 문제가 해소되면, 강연 섭외로 이어지지 않을까 우려하는 강사님들도 있지요. 하지만 이런 걱정은 접어 두셔도 괜찮습니다.

블로그 포스팅에 사용되는 강의 교안은 기껏해야 10장이 채 되지 않을 것이고, 내용에 대한 설명 역시 전체 강의의 극히 일부분에 불과합니다. 그래도 불안감을 완전히 떨치기 어렵다면, 강연의 핵심 포인트는 모자이크 처리하여 강의에 대한 기대감과 궁금증을 불러일으키는 방법도 있습니다. 지양해야 하는 것은 지나치게 걱정한 나머지 '알맹이가 빠진 포스팅'을 하는 일입니다. 섭외 담당자가 보았을 때, 강연에 대한 정보가 너무 부족하거나 포스팅한 글이 누구나 할 수 있는 말 정도에 불과하다면 굳이 해당 강사를 섭외할 이유가 없으니까요.

강사가 블로그를 운영하는 제1의 목적이 '강연 섭외'라는 점을 상기한다면 우리가 지향해야 하는 방향은 매우 명확해질 것입니다.

# 포스팅 제목 구성 실습

| 제목 구성 실습용 강의 정보 | | | |
|---|---|---|---|
| 강의일 | 3월 5일 | 강사 | 홍길동 |
| 강의 주제 | 일일 라탄 공예 | 강의 대상 | ○○ 초등학교 학부모회 |
| 강의 목표 | 라탄 공예로 힐링하기<br>– 채반 만들기 | 수강 인원 | 20명 |
| 강의 평가 | 실습에 대한 반응이 긍정적이었고, 호응이 뜨거웠음 | | |

| | |
|---|---|
| 제목 구성 1 | When(언제), Who(누가/누구에게), What(무엇을) 사용하기<br><br>▶<br><br>▶<br><br>▶ |
| 제목 구성 2 | Who(누가/누구에게), When(언제), What(무엇을) 사용하기<br><br>▶<br><br>▶<br><br>▶ |
| 제목 구성 3 | When(언제), Where(어디서), What(무엇을) 사용하기<br><br>▶<br><br>▶<br><br>▶ |

# 초보 강사를 위한 강연료 책정의 기술

"SNS를 통해 예상하지 못한 강연 제의가 들어왔는데, 강연료에 관한 이야기가 없어서 한참을 망설였던 기억이 있어요. 강연료를 확인하고 난 뒤 수락 여부를 결정하고 싶은데 괜히 속물처럼 보일까 걱정이 되더라고요."

"강연료를 먼저 제시하면서 대화가 시작되는 경우가 생각보다 많지 않더라고요. 직장 생활과 강연을 병행한 지 벌써 2년 차인데, 여전히 강연료 협상은 어렵습니다. 제가 제시한 강연료가 상대방의 생각보다 높았는지 그 뒤로 한마디 말도 없이 연락이 끊긴 일도 있었어요. 그렇다고 너무 낮게 부르자니 제 시간과 노력이 아까우니, 참."

무대 위에서 펄펄 나는 강사 중에서도 돈 이야기가 나오면 머리를 긁적이는 분들이 많습니다. 초보 강사라면 돈 이야기는 더욱 꺼내기가 어려운 주제입니다.

강연처에서 알아서 정리해 주면 좋으련만, 섭외 연락을 할 때 주제와 날짜, 시간과 청중의 규모까지 이야기하면서도 강연료에 대해서는 쏙 빼놓는 경우도 왕왕 있기 때문에 결국 되물어야 하는데, 이게 참 입이 떨어지지 않는다고 털어놓는 강사님들! 아마도 '돈 이야기'를 대놓고 하는 것은 그리 고상하지 못하다고 생각하는 사회적 분위기와 '교육자'로서의 체면 같은 것들이 뒤죽박죽으로 섞여 고민이 깊어지는 것은 아닐까 생각해 봅니다.

강연료가 단순히 '수입'의 개념이라면 이렇게 많은 강사들이 고민할 이유가 없을 것입니다. 하지만 실제로 강연료라는 항목에는 여러 가치가 포함되어 있습니다. 숙련된 강사라고 하더라도 1~2시간 동안 진행되는 강연을 준비하기 위해서는 최소 3~4시간이 필요합니다. 주제 연구는 물론이고 자료 제작, 시연과 연습까지 고려해야 하기 때문입니다. 초보 강사라면 이보다 훨씬 더 많은 시간 투자가 필요하겠지요? 게다가 강연장까지 오가는 이동 시간까지 고려한다면, 한 번의 강연을 위해 하루 대부분의 시간을 할애해야 하는 경우도 있습니다.

또한, 강사들은 자신의 전문 분야에서 오랜 시간 경험을 쌓아왔습니다. 그리고 때로는 시행착오를 겪고, 때로는 값비싼 수업료를 치르며 노하우를 터득해 왔지요. 이런 경험과 노하우 중에 가장 핵심적인 것들을 꾹꾹 눌러 담아 강연을 만드니 헐값의 강연료를 제안받으면 '내 가치가 이것밖에 되지 않나?' 하고 고민하는 것은 당연한 일인지도 모릅니다. 결국, 강연료란 강사가 들인 시간과 노력, 경험의 총합을 가치로 환산하여 책정한 사례금입니다. 따라서 적정한 강연료에 계약을 체결하는 것은 강사로서의 전문성과 노력을 인정받는 일이며, 동시에 청중들에게 양질의 강연을 제공하겠다고 약속하는 일이기도 합니다.

그렇다면 강연료는 어떻게 구성되어 있을까요? 기관에 따라 다르지만 강연료를 세분화하면 보편적으로 다음과 같이 구성되어 있습니다.

- 강연 시간에 따른 순수 강연료
- 교안 사용료
- (거리에 따라) 교통비

일반적으로 사기업이나 민간단체는 굳이 강연료를 세분화하지 않지만, 공공기관은 사기업이나 민간단체에 비해 상대적으로 적은 강연료를 보완하기 위해 교안 사용료와 교통비 항목을 추가하여 좋은 강사를 모집하고자 노력합니다. 따라서 강사들은 강연처가 공공기관인지 사기업인지 구분하여 강연료를 따로 책정하기도 합니다.

물론 이것은 낮게 책정된 공공기관의 강연료를 무조건 감수해야 한다는 의미는 아닙니다. 하지만 다소 낮게 책정된 강연료에도 불구하고 많은 강사들이 공공기관의 강연을 수락하는 데는 나름의 이유가 있습니다.

"지방 도서관에서 강연할 때면 '이런 강연은 서울에서나 들을 수 있는 줄 알았다.'는 말을 종종 듣곤 해요. 그럴 때마다 제가 하는 일이 단순한 수입원을 넘어 누군가에게 도움이 된다는 것을 실감합니다."

공공기관에서 하는 강연과 강의는 사회 공헌의 의미를 갖습니다. 평소에 강의를 접하기 어려운 취약 계층이나 교육의 기회가 부족했던 분들에게 양질의 교육을 제공할 수 있기 때문입니다.

또한, 공공기관의 강의 경력은 강사의 공신력을 높여줍니다. 까다로운 심사 과정을 거쳐 선발되는 만큼 공공기관에서의 강의 이력은 강사에게 중요한 경력이 됩니다. 실제로 많은 사기업이 강사 선정 시 공공기관 강의 경력을 중요하게 여기고 있지요. 그래서 다수의 강사들은 사기업 강의와 공공기관 강의의 비중을 적절히 조절하며 활동합니다. 이는 수입과 사회 공헌, 경력 관리의 균형을 맞추는 현명한 선택이라고 할 수 있습니다.

때로는 강연료를 일부러 낮추거나 심지어 무료 강연을 진행할 필요가 있는 시기와 상황도 있습니다. 대표적인 경우는 새로운 주제의 강의를 시도할 때와 새로운 청중을 대상으로 강연을 할 때입니다. 자신의 분야에서 자리를 잡은 강사일지라도 새로운 분야의 강의를 시도할 때는 초심자와 마찬가지로 처음부터 시작해야 합니다.

필자 역시 웹소설 작가로서 청소년 대상 진로 특강을 시작하게 되었을 때, 기존의 강의 경력은 모두 잊고 0에서 시작하겠다는 마음을 먹었습니다. 첫 진로 특강은 모 중학교에서 진행되었는데, 강의료만 따지자면 기존의 절반도 채 되지 않았습니다. 하지만 준비에 쏟은 열정과 노력은 이미 완성 단계에 있는 기존 강의보다 훨씬 더 많았지요.

하지만 결과적으로 이 선택은 옳았습니다. 강의 후 학생들로부터 받은 피드백 덕분에 새로운 분야의 강의에 자신감을 얻게 되었고, 해당 내용을 SNS로 알리자 꾸준히 같은 주제의 진로 특강 섭외가 들어오기 시작했기 때문입니다. 첫 강의 경험 덕에 후속 강의가 업그레이드된 것은 물론이고요. 강의료 역시 적정 수준으로 자연스럽게 조정되었습니다. 이처럼 때로는 당장의 수입보다 경험이 더 값진 자산이 될 수 있습니다. 초보 강사님들이 반드시 유의해야 할 지점입니다.

하지만 여기서 꼭 짚고 넘어가야 할 것이 있습니다. 바로 '강연료 미수금' 문제입니다. 강연료 미수금 문제는 생각보다 빈번하게 발생합니다. 나중에 속앓이

하는 일이 없도록 하려면 미리 확실하게 계약서를 작성해야 합니다. 특히, 개인이나 소규모 단체에서 강연을 진행할 때는 계약서 작성이 필수겠지요? 구두 약속이 아니라 이메일이나 문자 메시지를 활용하여 연락하는 것도 좋습니다. 중요한 내용은 꼭 기록을 남겨야 하기 때문입니다. 그리고 가능하다면 계약금을 선지급 받는 것도 좋습니다. 강연 계약서에 필수적으로 기재되어야 하는 항목이 누락되지 않았는지도 꼼꼼하게 살펴보세요.

### 강연 계약서 필수 기재 항목

- 강연 날짜와 시간
- 강연 장소
- 강연료 산정 방식
- 강연료 지급일
- 교안 및 활동지 원본 파일 제공 여부

마지막으로 강조하고 싶은 것은 강연료 협상을 두려워하지 말라는 것입니다. 여러분의 시간과 노력, 전문성은 분명한 가치가 있습니다. 처음에는 어색하고 불편할 수 있지만, 협상도 강사로서 성장하는 과정의 일부라고 생각하세요.

"지금도 기억나요. 첫 강연료 협상 때 얼마나 떨리던지…. 하지만 지금 생각해 보면 그때 용기 내서 '제 강연의 가치는 이 정도입니다.' 하고 말해 본 경험이 강사 인생의 전환점이 되었어요. 상대방도 전문성 있는 강사를 원하는 만큼 적절한 강연료 협상은 당연한 과정이더라고요."

자, 이제 당신의 차례입니다. 자신의 가치를 믿고, 당당하게 이야기해 보세요. 그때부터 프로페셔널한 강사 생활이 시작될 것입니다.

# 강사 위촉 계약서

○○○(이하"갑")과 ○○○(이하"을")은 ○○○ 과정의 진행과 관련하여 아래와 같이 강의 위촉 계약을 체결한다.

가. 강 의 명: ○○ 초급과정
나. 강의기간: 2024.11.16~2024.11.18(3일 20시간)
다. 계약금액: ○○○원(○○원×○시간-VAT 별도)
라. 결제방법: 계약일 전체 금액의 50% 지급, 강의 완료일 완불
마. 세부일정

| 강의 일정 | 강의 시간 | 강의명 | 비고 |
|---|---|---|---|
| 2024.11.16. | 09:00~17:00(7H) | ○○ 초급과정 | 중식 시간 12:00~13:00 |
| 2024.11.17. | 09:00~17:00(7H) | 〃 | |
| 2024.11.18. | 09:00~16:00(6H) | 〃 | |

위 계약을 증명하기 위하여 계약서를 2부 작성하고, 기명 날인 후 "갑"과 "을"은 각각 1부씩 보관한다.

별첨:


년    월    일


갑                              을
주 소:                          주 소:
회사명:                         주민등록번호:
대표자:            (인)         성명:                (인)

# 블로그를 통해 관심사를 탐구하다 전문가로 거듭나게 된 선배님

김나연(요니나) 작가 @yonina58
루틴포유 대표 / 재테크 블로그 '똑소리 나는 요니나' 운영자
저서: 『매일 한 장 가계부』, 『요니나의 월급쟁이 재테크』, 『돈버릇』 등

**Q. 간단한 소개를 부탁드립니다.**

**A.** 안녕하세요. 20대부터 블로그에 재테크 관련 기록을 하며 퍼스널 브랜딩을 통해 1인 기업가이자 작가, 금융교육 강사로 활동하고 있는 N잡러 김나연(요니나)입니다.

**Q. 다양한 SNS가 뜨는 시대에도 블로그의 여전히 힘은 유효할까요?**

**A.** 과거와 달리 영상 매체의 힘이 세지면서 문자 정보의 비중이 높은 블로그의 입지가 많이 줄어든 것은 사실입니다. 하지만 여전히 블로그 수요는 유지되고 있다고 생각합니다. 특정 정보나 깊이 있는 콘텐츠를 찾는 사용자에게 블로그는 여전히 중요한 플랫폼입니다. 특히, 전문적인 정보나 긴 글을 선호하는 사용자에게는 블로그가 더 적합할 수도 있고요. 저 역시 정보를 습득하거나 후기를 남기기 위해 블로그와 유튜브를 함께 활용하고 있어요.

**Q. 블로그 운영이 강의로 이어지게 된 계기는 무엇인가요?**

**A.** 처음에 블로그는 대학교 과제로 시작했습니다. 도시를 탐방하고 리포트를 작성해 포스팅하는 과제였는데요. 모르는 사람과 댓글로 소통하는 것이 재미있어서

이후에도 블로그 활동을 계속하게 되었습니다. 그 당시 보편적으로 사용했던 SNS는 싸이월드였어요. 싸이월드는 네트워크의 기반이 실제 지인으로 구성되어 있어 다소 폐쇄적으로 운영되던 것과 달리 블로그는 전 세계에서 볼 수 있고, 보다 다양한 사람들과 댓글을 통해 소통할 수 있다는 것이 매력적이었어요. 텍스트에 사진이나 음악, 동영상 등을 자유롭게 포함할 수 있고, 콘텐츠의 생성과 공유가 편리하다는 점도 마음에 들었고요.

평소에 친구들에게 알려주던 재테크 방법을 정리하고, 사용하고 있던 카드의 혜택, 실적 등을 정리해서 블로그에 올려 보았습니다. 자료가 쌓이다 보니 검색이 되면서 모르는 사람들이 블로그에 방문하기 시작했어요. 질문을 받으면 관련 내용을 공부하고 블로그에 올리는 것을 반복했는데, 어느 날 출판사에서 먼저 출간 의뢰가 들어왔습니다. 저는 공대 출신이거든요. 전공과 무관하게 취미처럼 시작했던 재테크 이야기를 그렇게 책으로 출간하게 되었고, 그날 이후 전혀 생각하지도 못했던 재테크와 금융 분야의 강연을 시작하게 되었습니다. 현재는 해당 분야에서 활동한 지 어느덧 10년이 넘었어요.

**Q. 재테크라는 주제를 다룰 때 특별히 주의하는 부분은 무엇인가요?**

**A.** 누군가가 관련 질문을 했을 때 머뭇거리지 않아야 한다고 생각해요. 그래서 제가 직접 경험한 상품이나 재테크 방법만 공유하고 있습니다. 충분히 경험해 본 후 대상을 이해하고, 이를 기반으로 설명할 수 있는 상품 위주로 업로드하고 있어요. 예를 들어, 과거 저축은행 파산 사태 때 피해를 입었기 때문에 금리가 높더라도 저축은행 상품은 온 · 오프라인에서 추천하지 않습니다. 무조건적으로 정보를 공유하지 않고 자체 필터링을 통해 차별화를 시도하고 있어요.

**Q. 블로그 콘텐츠를 강의용 콘텐츠로 재구성할 때 중요하게 여기는 부분이나 우선적으로 고려하는 점은 무엇인가요?**

**A.** 데이터 증거를 많이 담아 놓습니다. 재테크 강의의 특성상 실제 사례를 보여주는 것이 중요하다고 생각해요. 백 번 말하는 것보다 한 번 실천해서 결과로 증명하는 것이 낫다고 생각하고요. 결과물을 보여주면 보다 쉽게 수강생들의 실천을 이끌어낼 수 있습니다. 수강했던 강의를 돌이켜보면 저 역시 언제든 찾을 수 있는 정보가 나열된 강의보다 유용한 정보와 강사의 진짜 경험담이 적절하게 섞여 있는 강의가 더 기억에 남더라고요.

또한, 재테크 분야는 제도나 수치 변경이 많아서 매번 강의안을 업데이트합니다. 이런 이유인지 몰라도 꾸준히 재수강하는 분들도 많아요.

**Q. 매우 다양한 기관에서 강의하고 계신 것으로 알고 있습니다. 참여 대상에 따라 달라지는 부분은 무엇인가요?**

**A.** 수강생의 연령대, 직업 등에 따라 강의 내용은 달라집니다. 대학생과 사회 초년생, 사기업 근로자와 공무원, 내 집 마련이나 노후 대비를 준비하는 사람 등 대상에 따라 코어 주제가 달라져요. 수입이나 재정 상태에 따라 목돈 모으는 방법, 목돈 굴리는 방법 등으로 주제를 나누기도 합니다. 때로는 강의 현장에서 청중의 반응을 보고 즉흥적으로 난이도를 조절하기도 해요.

**Q. 작가님께서 생각하는 좋은 강사는 어떤 사람인가요?**

**A.** 성장하기 위해 끊임없이 노력하는 강사가 좋은 강사라고 생각합니다. 강사는 과거에 머무르지 않고 트렌드에 맞게 발전해야 해요. 강의 내용도 꾸준히 업데이트해야 하고요.

# PART 3

# 좋은 강연을
# 만들기 위한
# 실전 TIP

# 경험이 재산이다!
# 메모의 생활화

'아, 맞다! 이 이야기를 꼭 해야겠다고 생각했었는데, 놓쳤네….'
'뭐더라? 분명 낮에 강연에 대한 아이디어가 떠올랐었는데 왜 생각이 안 날까?'

필자는 기록을 꾸준하게 하지 못하는 사람이었습니다. 2021년에 첫 책을 출간한 이후 매년 1권 이상의 실용서와 1작품 이상의 웹소설을 쓰며 활발하게 활동하고 있는 만큼 아이디어를 내는 일에는 일가견이 있다고 자부했지만, 아이디어를 모으는 것에 취약한 탓에 교안을 만들거나 새로운 강연 계획서를 작성할 때마다 아쉬움이 남았습니다. 교안에 넣으면 강연이 훨씬 풍부해질 수 있는 이야기들을 떠올리더라도 기록하지 않은 기억은 금방 휘발되어 활용할 수 없었으니까요.

찰나의 영감은 안개와 같습니다. 당시에는 절대 잊어버릴 수가 없는 아이디어라고 생각했더라도, 조금만 시간이 지나면 윤곽마저 잡을 수 없게 흩어져 버리지요. 이런 일이 한 번 두 번 반복되다 보니 지금은 기록을 습관화하는 것이 얼마나 중요한 일인지 누구보다 잘 알고 있습니다.

일반적인 학습을 위한 기록과 강연을 위한 기록은 주안점이 조금 다릅니다. 학습을 위한 기록은 지식을 정리하고 체계화하는 데 중점을 두지만, 강연을 위한 기록은 기록 자체보다는 기록이 지닌 의미에 초점이 맞춰져야 합니다.

예를 들어 볼까요?

며칠 전, 필자는 마트에서 장을 보다가 부모님께 과자를 사달라고 떼를 쓰는 아이를 보았습니다. 부모님은 처음에는 단호하게 원칙을 설명했지만, 아이가 바닥에 드러누우려 하자 당황한 얼굴로 "그럼 얼른 하나만 가져와!"라고 말하며 처음의 원칙을 지키는 데 실패하고 말았지요.

어떻게 보면 너무나 일상적인 모습일 것입니다. 하지만 정말로 흔해서 이야깃거리조차 되지 못하는 이 에피소드가 자녀 교육이나 양육에 대해 강의하는 강사에게는 아주 유용한 예시가 될 수도 있습니다. '일관된 양육 태도를 지키는 것이 얼마나 어려운가!', '즉각적인 보상이 이루어질 때 아이는 무엇을 학습하는가?'와 같은 강연 주제와 자연스럽게 연결할 수 있는 것이지요.

이처럼 강연을 위한 기록은 단순한 사실이나 정보의 나열이 아니라 청중과 소통하고, 강연을 더욱 풍부하게 만들기 위한 재료로써 기능합니다.

재료를 찾기 위한 메모는 순간의 영감을 붙드는 일입니다.
따라서 기록할 때도 '즉시성의 원칙'을 기억해야만 합니다.

"일단 기억해 뒀다가 나중에 집에 가서 정리하면 되지, 뭐."

이런 생각은 결국 기록의 실패를 불러옵니다. 추후에 깔끔하고 보기 좋게 정리하는 것보다 다소 정제되지 않고 어수선하더라도 기억이 흐려지기 전에 당장 활용 가능한 도구를 사용해 간단하게라도 기록해 두는 것이 좋습니다. 그런 의미에서 '스마트폰 음성 메모'는 유용한 기록 방법 중 하나지요.

메모장 앱 등을 활용해 음성 메모를 시도해 보세요. 순간의 상황을 묘사하거나 당시의 느낌이나 감정을 있는 그대로 기록하는 데에는 음성 녹음만 한 것이 없습니다. 텍스트 변환 기능까지 사용하면 더 좋겠지요. 약간의 오타는 발생하겠지만 충분히 감수할 만할 만큼 유용할 것입니다.

"선생님, 저는 녹음 앱을 켜면 어떤 말을 해야 할지 막막하던데요. 어떻게 하면 좋을까요?"

그럴 때는 다음의 단계를 하나씩 밟아나가면 됩니다.

위에서 제시한 단계를 적용하여 마트에서 보았던 부모님과 아이의 실랑이 장면을 음성 메모로 만들어 볼까요?

## 음성 메모 실제 사례

- **1단계: 상황 설명**
  마트에서 아이가 과자를 사 달라고 떼쓰는 것을 봤어.

- **2단계: 디테일 기록**
  처음에는 단호하게 훈육하던 부모님이 아이가 바닥에 드러눕자 당황하더니 태도를 바꾸었지. 아마도 아이를 훈육해야 한다는 것은 알고 있지만, 주변에 피해를 줄까 봐 원칙을 철회한 것으로 보였어.

- **3단계: 강의 연결점 기록**
  대다수의 부모님이 실제로 육아를 할 때, 일관적인 양육 태도가 깨지는 순간을 많이 맞닥뜨리곤 할 거야. 그러니 이 에피소드는 공감을 불러일으키는 예시로 사용할 수 있겠네.

- **4단계: 활용 방안 제시**
  현실과 이론 사이의 간극을 어떻게 하면 줄일 수 있는지에 대한 부분을 강의에 추가하는 것이 좋겠군!

책이나 기사를 읽다가 마음을 두드리는 부분을 발견하거나 강의하면서 느꼈던 점도 이런 방식으로 기록하는 것을 추천합니다.

여기서 중요한 점 하나!
기록을 기록으로만 남겨둔다면 큰 의미가 없을 수 있겠지요? 잘 정리한 기록은 정기적으로 들여다 볼 필요가 있습니다. 불필요한 내용은 정리하거나, 메모한 것을 강의 주제별로 재구성하는 것도 좋지요. 이를 위해서는 비슷한 주제끼리 묶어서 폴더를 정리하는 작업도 필수적으로 수행해야 합니다.

하지만 '정리를 위한 정리'에 빠지지 않도록 주의하세요. 처음 메모의 습관화를 시도할 때 흔히 하는 실수입니다. 완벽하게 메모를 정리하고 관리하는 것에 집중한 나머지, 성장을 위해 기록하는 것이 아니라 기록하는 것 자체가 목적이 되어 버릴 수 있으니까요. 숲을 보지 못하고 나무만 보는 우를 범하지는 말아야 겠지요?

이렇게 모은 기록은 시간이 지날수록 진가가 드러납니다. 처음에는 단순한 메모였던 것들이 점차 강의의 핵심 콘텐츠가 되는 것을 경험해 보세요. 특히, 강의 경험이 쌓여 갈수록 이전의 기록들은 커다란 자산이 될 것입니다.

1년 전의 나는 어떤 이야기를 했는지, 청중들의 반응은 어땠는지, 그때와 지금의 상황은 어떻게 달라졌고 무엇이 같은지 살펴보는 것은 강사의 성장 과정을 이해하는 데 도움이 됩니다. 그리고 시간의 흐름에 따라 변하는 사람들의 모습도 보이기 시작할 것입니다. 이는 그 자체로 강사의 시야를 넓혀 주지요.

더불어 시간을 들여 축적한 기록은 강의뿐만 아니라 또 다른 창작 활동의 밑거름이 되기도 합니다. 책 출간이나 칼럼 연재, 온라인 콘텐츠 제작 같은 것들은 이제 강사들에게서 떼려야 뗄 수 없는 것이 되었으니까요.

기록이 습관이 되기까지는 시간이 걸립니다. 하지만 천 리 길도 한 걸음부터 시작이겠죠? 당장 휴대폰의 메모장을 열고, 오늘 경험했던 일을 찬찬히 떠올리면서 기록해 보세요.

지금부터 시작입니다!

# 무대 공포, 어떻게 극복할 것인가?

민준 씨는 처음 보는 사람과 스몰 토크를 즐길 만큼 남들과 이야기 나누는 것을 좋아하는 외향적이고 쾌활한 사람입니다. 자신을 소개할 때, "저는 확신의 E[7]입니다."라고 말할 때도 많았지요. 하지만 이렇게 사교적인 민준 씨는 의외의 문제로 인해 강사로서의 꿈을 접었다고 고백했습니다.

"희한하게도 판이 깔리면 머릿속이 새하얘져요."

이를 고쳐 보려고 독서 모임에 꾸준히 나가면서 다른 사람과 토론과 토의를 해 보기도 했지만, 딱히 좋아지는 것 같지는 않았다는 말도 덧붙였습니다.

방법이 없는 걸까요?

---

7)  개인의 성격 유형을 평가하는 MBTI 유형에서 'E'는 외향적 성향을 나타낸다.

먼저, '무대 공포'에 대해 한 번 알아볼까요? 무대 공포는 대중 앞에서 느끼는 심리적 불안입니다. '무대'라는 공간으로부터 공포감(불안)이 시작된다기보다는 친숙하지 않은 사람들에게 노출되거나 다른 사람들에게 주목받는 상황에서 불안과 두려움을 느끼게 되므로 사회적 관계에서 오는 불안에 가깝습니다.

무대 공포를 극복하기 위해서는 어떻게 해야 할까요? 우선 주목받는 상황에 대한 스트레스 지수를 낮추는 것이 중요합니다. 하지만 이러한 선행 없이 '무대'에 익숙해지기 위해 지속적으로 '맨땅에 헤딩'만 계속 한다면 어떻게 될까요? 운이 좋은 사람들은 무대에 익숙해져서 스트레스를 상쇄할 수 있을 것입니다. 마치 수능을 앞두고 여러 번의 모의고사를 치르며 수능과 비슷한 환경에서 실전 연습을 하는 것처럼 말이지요.

하지만 지속적으로 스트레스 상황에 노출되는 것은 증상을 악화시킬 수도 있습니다. 남들 앞에 나서는 것을 극히 꺼리는 사람에게 자신감을 길러주겠다며 억지로 노래를 시켜 봐야 무대 공포가 극복될 리 만무하니까요. 따라서 무대 공포를 극복하기 위해서는 무엇보다 자신의 극복 의지가 중요합니다. 스스로 판단했을 때 스트레스 상황을 곧바로 맞닥뜨릴 준비가 되지 않았다고 생각된다면 굳이 서두를 필요는 없습니다. 무대 공포를 극복하는 방법은 하나만이 아니기 때문입니다.

우리는 왜 남들 앞에 서서 주목받게 되면 긴장이 몰려올까요? 민준 씨는 이 질문에, "실수할까 봐."라는 대답을 내어놓았습니다. 다음은 민준 씨와 실제로 나눈 대화입니다.

필자: 실수는 누구나 할 수 있어요. 잠깐 심호흡하고 다시 이어가면 돼요.

민준: 그렇지만 강사씩이나 되어서 실수를 하면 좀 ….

필자: 좀?

민준: 왜, 있잖아요. 괜히 손가락질 받을 것 같고, 사람들이 비웃을 것도 같고요.


민준 씨에게 '실수는 누구나 할 수 있다.'는 말은 어떤 위로도 되지 않았습니다. 당연합니다. 그의 마음속 불안을 자극한 것은 실수 그 자체가 아니라 실수에 따른 타인의 평가에 대한 두려움이었으니까요.

사실 무대 공포는 선천적으로 타고나는 것보다 후천적으로 학습되는 경우가 많다고 합니다. 학창 시절을 한 번 떠올려 보세요. 자신 없는 영어 발음을 타의에 의해 반 친구들 모두에게 들킬까 봐 조마조마했던 영어 시간, 칠판 앞으로 나가 멍하니 문제를 바라보며 아무 것도 할 수 없었던 수학 시간, 심지어 앞으로 나가 홀로 악기를 연주하거나 노래해야 했던 음악 시간도 있었지요.

학창 시절의 '주목'은 많은 경우 시험 점수나 태도 점수 같은 것으로 이어졌기 때문에 실수는 곧 실패로 연결되었을 것입니다. 이것이 민준 씨와 같은 외향적인 사람이 단상 위에만 올라가면 머리가 굳고 시선이 흔들리는 이유입니다. 따라서 민준 씨와 같은 유형의 예비 강사들은 강연 중에 실수를 좀 하더라도 강연 자체가 실패로 돌아가는 것이 아니라는 점부터 깨달아야 합니다.

우리가 마주하게 될 청중은 수행평가 채점표를 들고 정답을 맞혔는지, 발음이 틀리지는 않았는지 체크하는 평가자가 아닙니다. 그들은 기꺼이 한 시간이 넘는 시간 동안 강사의 말을 듣기 위해 걸음한 이들이에요. 청중이 원하는 것은 자신들에게 도움이 될 수 있는 강사의 시각과 새로운 지식이지 강연 시간 내내

단 한 번도 실수하지 않는 완벽한 모습의 강사가 아닙니다.

그러니 말을 더듬거나 손을 좀 떨어도 되고, 얼굴이 붉어지고 삑사리가 나도 괜찮습니다. 천천히 심호흡하고 나서 열심히 준비한 내용을 차근차근 이어나가면 그뿐입니다. 실수하게 된다면, "죄송합니다. 다시 말씀드릴게요."라고 말하면 됩니다. 어렵지 않지요?

이제 다음 쪽에 제시된 체크리스트를 하나씩 살펴보며 나에게 필요한 단계를 챙겨봅시다.

# 무대 공포를 극복하기 위한 체크리스트

| 체크해 보세요. | 예 | 아니오 |
|---|---|---|
| 1 강의의 리허설을 마쳤는가? | ☐ | ☐ |
| 2 교안 내용을 정확히 인지하고 있는가? | ☐ | ☐ |
| 3 다른 사람들과 눈을 마주치는 연습을 했는가? | ☐ | ☐ |
| 4 긴장이 될 때 천천히 말하는 연습을 했는가? | ☐ | ☐ |
| 5 올바른 심호흡법을 알고 있는가? | ☐ | ☐ |
| 6 강의 전날, 숙면을 취했는가? | ☐ | ☐ |
| 7 강의 중에 마실 물이나 휴지, 안약 등을 준비했는가? | ☐ | ☐ |
| 8 강의 보조 기기(마이크, 리모컨 등) 사용법을 숙지했는가? | ☐ | ☐ |
| 9 긍정적인 자기 암시를 하고 있는가? | ☐ | ☐ |
| 10 강의 후, 스스로 개선점을 찾고 있는가? | ☐ | ☐ |

# 무대 공포를 극복하기 위한 선배들의 Tip

| | |
|---|---|
| 1 | **청중의 침묵을 겁내지 마세요.**<br>▶ 청중도 낯을 가리기 마련입니다. |
| 2 | **긴장된다고 솔직히 고백하세요.**<br>▶ 청중은 인간적인 강사를 좋아한답니다. |
| 3 | **천천히 말하는 것도 도움이 될 거예요.**<br>▶ 청중의 집중력은 오히려 높아집니다. |
| 4 | **강의 내용을 모두 외울 필요는 없어요.**<br>▶ 흐름을 따라가는 것만으로도 충분합니다. |
| 5 | **강의 장소에 일찍 도착하세요.**<br>▶ 장소와 사람에게 익숙해지면 스트레스가 줄어듭니다. |
| 6 | **호의를 보이는 청중 한 명과 눈을 자주 마주쳐 보세요.**<br>▶ 자신감을 얻을 수 있습니다. |
| 7 | **연습할 때 실수를 많이 하던 부분은 메모를 활용하세요.**<br>▶ 실수가 확연히 줄어듭니다. |
| 8 | **완벽주의는 도움이 되지 않아요.**<br>▶ 완벽하게 진행하는 것보다는 강의의 완성을 목표로 삼는 것이 좋습니다. |

# 많이 봐야 빨리 는다

다른 강사의 강의를 많이 보라는 이야기를 하면, 어떤 강사님들은 놀라며 묻습니다.

"아무리 모방은 창조의 어머니라지만, 어떻게 다른 강사의 강의를 듣고 흉내를 내겠어요?"

"대단한 강사들의 강의를 듣고 나면 괜히 위축될 것 같아요. 자존감이 떨어질 것 같기도 하고요."

생각보다 많은 초보 강사가 다른 강사의 강의를 보는 것을 꺼립니다. 자신의 것이 제대로 다듬어지지 않은 상황에서 남의 강의를 보면 영향을 받을지도 모른다고 두려워하는 것이지요. 너무 높은 경지의 목표는 당장의 나에게 별 도움이 되지 않을 것이라고 생각하기도 하고요.

하지만 좋은 강의를 배우는 가장 빠른 길은 의심의 여지 없이 다른 강사들의 강의를 들어 보는 것입니다. 단순히 강의를 듣고 모르는 부분을 배우라는 것이 아닙니다. 중요한 것은 다른 강사가 어떻게 강의를 이끌어 가는지, 어떤 교수 방식을 택하는지 세심하게 관찰하는 것입니다.

강사들의 강의 기법과 스타일은 저마다 고유한 특색이 있습니다. 동일한 분야, 동일한 주제의 강의일지라도 강사마다 내용을 전달하는 방식이 다른 것도 바로 이 때문이지요. 필자가 진행하는 강의 중에 '우리 아이 문해력, 이대로 괜찮은가?'라는 강의가 있습니다. 학부모를 대상으로 하는 강의 중에는 이와 같이 문해력의 중요성을 강조하고, 문해력 신장을 위해서는 어떻게 지도해야 하는지 알려주는 강의가 많습니다. 강의 주제나 제목은 대동소이하지만 막상 내용을 뜯어보면 강의 구성과 내용은 강사마다 모두 다릅니다.

저는 입시 컨설턴트이기 때문에 아이들의 문해력 부족이 단순히 책 읽기와 글쓰기에서 문제를 일으키는 것을 넘어, 탐구 보고서를 쓰는 등의 학생부 비교과 활동에 매우 큰 영향을 미친다는 점을 강조합니다. 그리고 문해력 부족으로 인해 발생하는 문제를 예방하기 위해 중학교 입학 전에 문해력 신장에 힘쓸 필요가 있다는 점을 역설하지요. 이에 더해 독해력과 논리력 신장의 중요성도 강조합니다.

반면, 글쓰기 강사인 미진 씨의 문해력 강의는 실천적 방법을 강조하며, '다양한 일기 쓰기'를 중심으로 하는 실습 비중이 보다 높게 구성됩니다. 또, 부모 교육 전문가인 정수 씨는 하브루타[8]를 기반으로 한 '부모님의 질문법' 중심으로 문해력 강의를 준비하기도 하고요.

---

8) 두 명이 짝을 지어 서로 질문·대화·토론·논쟁하며 진리를 찾는 유대인의 전통적인 교육 방법

강사들의 스타일 역시 다양합니다. 논리적이고 설득력이 강한 스타일, 감성적이며 감동을 주는 스타일, 웃음소리가 끝없이 이어지는 유머러스한 스타일, 차분하고 진중한 태도로 신뢰감을 주는 스타일의 강사도 있지요. 이처럼 다양한 스타일을 접하다 보면 자연스럽게 자신에게 어울리는 스타일을 찾게 됩니다. 자신의 성격과 강점, 자신이 하는 강의의 주제와 방식을 고려해 강의 스타일을 확립해 나가는 것. 이것이 바로 다른 강사들의 강의를 주기적으로 들어야 하는 이유입니다.

다음으로 강의를 많이 듣다 보면 책에서는 배울 수 없는 실전 감각을 익힐 수 있습니다. 먼저, 여러 강사의 강의를 살피다 보면 유독 마음을 두드리는 강사를 발견할 수 있을 것입니다. '아, 나도 저렇게 강의하고 싶다!' 하는 마음이 드는 강사 말입니다. 그렇다면 '롤 모델'을 찾은 셈이지요. 롤 모델이 생겼다면 꽤 괜찮은 학습 효과를 기대할 수 있습니다. 모델링 학습(관찰 학습)이라고도 하는데, 이는 단순한 모방과는 다릅니다. 본 그대로 흉내 내는 것이 아니라 롤 모델을 관찰하여 배우는 것으로, 효과적인 학습법 중 하나로 인정받고 있습니다. 예를 들어, 롤 모델인 강사가 어려운 개념을 설명할 때 사용하는 비유, 청중의 집중력이 떨어질 때 자연스럽게 분위기를 환기하는 방식, 질문에 대처하는 태도 등을 관찰하며 자연스럽게 강의를 운용하는 방법을 습득하는 것이지요.

이것은 마치 요리를 배우는 것과 비슷합니다. 제아무리 훌륭한 레시피가 주어진다고 해도 요리 경험 자체가 부족한 초보자는 '적당히 익히라는 게 무슨 말이지?', '알맞게 볶으라는 건 또 뭐야?', '어슷썰기? 이 정도면 어슷썰기인가?' 하는 의문이 계속 이어지기 마련입니다. 그러나 레시피와 함께 숙련된 요리사가 요리하는 영상을 본다면 어떨까요? 글로는 알 수 없었던 정보들을 캐치하는 것이 훨씬 쉬워지겠지요? 이렇듯 자신의 롤 모델인 강사의 현장감 넘치는 강의를 보는 것은 빠른 성장을 도모할 수 있는 계기가 될 것입니다.

마지막으로 다른 강사의 강의를 통해 배울 수 있는 것은 강의의 기술에 대한 부분입니다. 대표적인 것이 바로 교안과 말하기의 조화입니다. 실력 있고 몰입도 높다는 평을 듣는 강사들은 교안과 설명을 효과적으로 활용합니다. PPT 교안이 전달하고자 하는 바를 명확하게 나타내지만 주의를 산만하게 하지 않으며, 특히 슬라이드의 전환과 설명의 타이밍이 매끄럽습니다.

청중과 라포르를 형성하는 것도 강의의 기술에 포함됩니다. 강사에 따라 청중과 유대감이나 공감대를 형성하는 방법이 다릅니다. 어떤 강사는 자신의 경험을 솔직하게 나누며 친근감을 형성하기도 하고, 어떤 강사는 청중의 적극적인 참여를 유도하며 소통하려고 하지요. 다음은 강사들이 자주 사용하는 라포르 형성 유형입니다.

## 대표적인 라포르 형성 유형

| | |
|---|---|
| 경험<br>공유형 | 강사가 개인적인 경험이나 이야기를 공유하여 친밀감을 형성하고 공감을 유도함<br>예 지난주에 있었던 일인데요.<br>예 제가 이 분야에 처음 뛰어들게 된 계기가 무엇일까요? |
| 관찰<br>공유형 | 강사가 특정 상황이나 사건에 대한 관찰을 공유하여 청중과의 연결을 강화함<br>예 여기 앞쪽에 계신 분이 굉장히 공감된다는 듯 고개를 끄덕여 주셨거든요?<br>예 그렇죠? 어렵죠. 맞아요, 아침부터 이게 다 뭔가 하는 표정들이네요. 하하! |
| 공감<br>유도형 | 강사가 청중의 감정이나 경험에 공감하며 소통하면서 강사와의 정서적 연결을 강화함<br>예 다들 이런 경험 한 번쯤은 있으시죠? 저도 마찬가지인데요.<br>예 아마 이 점이 대부분의 사람이 이 주제를 어려워하는 이유일 것입니다. |
| 참여<br>유도형 | 강사가 질문을 던지거나 그룹 활동을 통해 청중의 참여를 유도하고 의견을 수렴함<br>예 잠시 옆자리에 앉은 분과 의견을 나눠 볼까요?<br>예 여러분이 만약 이런 상황이었다면 어떤 선택을 하셨을까요? |

라포르 형성 유형을 살펴보셨나요? 그러면 이제 다른 강사의 강의를 들으면서 강사의 유형을 나눠 보고, 자신의 성향이나 진행하는 강의의 주제, 성격에 따라 적용 가능한 방법을 찾아보세요!

그렇다면 다른 강사들의 강의는 어디에서 접하는 것이 좋을까요? 가장 손쉬운 방법은 역시 온라인 강의 플랫폼을 이용하는 것입니다. 온라인 강의는 시간과 장소에 구애받지 않고 원할 때, 원하는 만큼 강의를 볼 수 있습니다. 게다가 국내외 유명 강사들의 강의를 손쉽게 접할 수 있으니 이보다 더 좋을 수는 없지요. 또, 같은 내용을 반복해서 들을 수 있어 세세한 부분까지 관찰하거나 이해할 때까지 반복할 수 있다는 점도 장점입니다. 그러나 온라인 강의의 경우 녹화 종류에 따라 청중이 없는 경우도 많고, 즉각적인 청중의 피드백을 확인할 수 없다는 단점도 있다는 것을 감안해 주세요.

**다른 강사의 강의를 접할 수 있는 온라인 플랫폼**

- K-MOOC(한국형 온라인 공개강좌): https://www.kmooc.kr
- GSEEK(경기도 평생학습포털): https://www.gseek.kr

현장감이 넘치는 오프라인 강의를 듣고자 한다면 가장 손쉬운 방법은 지역의 공공기관 강의 프로그램을 활용하는 것입니다. 다양한 분야의 강의를 저렴한 비용이나 무료로 접할 수 있으며, 생생한 현장 분위기를 경험할 수도 있지요. 소규모 강의의 경우 궁금했던 것을 강사에게 자유롭게 물어볼 수 있으며 다양한 실습을 겸할 수 있는 것 역시 장점입니다. 단, 지역에 따라 원하는 주제의 강의가 원하는 시간에 개설되기 어려울 수도 있고, 강사 수급 문제로 인하여 강사의 경력 등에 차이가 있을 수 있다는 것은 단점이 될 수 있습니다.

# 오프라인 강의를 듣고자 할 때 유용한 사이트

- 시도 도서관 사이트의 통합 예약 시스템
- 시도 교육청 및 공공기관 사이트의 평생학습관 프로그램

▲ 수원시 도서관의 통합예약시스템에 등록된 강좌 예시

▲ 부산광역시 평생학습관에 등록된 강좌 예시

강의를 들은 이후에는 '강연 관찰 노트'를 작성해 보는 것이 좋습니다. 강연 관찰 노트에는 단순히 '좋았다.', '나빴다.' 하는 감상이 아니라 기억에 남았던 구체적인 문구, 청중의 반응이 좋았던 순간, 위기 상황에서 빛났던 강사의 대처 능력 등을 구체적으로 기록해야 합니다.

이러한 기록 과정은 단순한 메모 이상의 가치를 지닙니다. 관찰한 내용을 구체적인 언어로 기록하고 정리하다 보면, 막연했던 경험이 명확한 지식으로 전환되고, 이를 통해 강의를 보다 깊이 있게 이해할 수 있습니다.

또한, 기억은 사라지지만 기록은 보존됩니다. 아무리 인상 깊었던 기억이라도 시간이 지나면 희미해질 수밖에 없는데, 강연 노트에 기록해 두면 강의에서 얻은 통찰을 오랜 기간 유지하는 것이 가능해지지요. 이러한 통찰은 초보 강사가 강의를 준비할 때 실질적인 조언자의 역할을 수행합니다.

'백문이 불여일견'이라는 말이 있습니다. 책을 통해 다양한 강의 기법을 배울 수 있더라도 실제 강의 현장의 생생한 모습을 직접 체험하고 배우는 것을 등한시해서는 안 됩니다. 이러한 관찰의 경험을 꼼꼼히 기록하고 되새기는 과정을 통해 우리는 매일 성장할 수 있을 것입니다.

# 강연 관찰 노트 기록하기

기록일: 20　년　월　일

| 강의 개요 | | |
|---|---|---|
| 강의 제목 | | |
| 강사명 | | 강의 장소 |
| 강의 시간 | | |
| 청중 특징 | | |
| 강의 구성 | | |
| 도입부 구성 및 전개 | | |
| 본문 구성 및 전개 | | |
| 마무리 구성 및 전개 | | |
| 강의 기술 | | |
| 주요 설명 방식 | | |
| 기억에 남는 설명 방법 | | |

| | |
|---|---|
| 청중 참여<br>유도 방법 | |
| **교안 및 자료 활용** | |
| PPT 구성 특징 | |
| 보조 자료 활용 | |
| **소통 방식** | |
| 아이스 브레이킹 | |
| 질의응답<br>운영 방식 | |
| 돌발 상황<br>대처 방법 | |
| **나의 강의에 적용할 점** | |
| 단기 적용 과제 | |
| 장기 발전 과제 | |

# 전달력을 높이기 위한
# 끊어 읽기 연습

강의 내용은 훌륭하기 그지없었지만 이상하리만큼 청중의 반응이 좋지 않아 속 앓이하는 강사님들이 계십니다.

디지털 활용 분야의 강사로 활동 중인 아라 씨 역시 마찬가지였습니다. 디지털 약자를 대상으로 일상에서 스마트폰 등의 기기와 인터넷을 쉽게 활용하는 방법을 강의하는 아라 씨. 최고의 강의를 위해 동영상을 직접 제작하기도 하는 등 교안이나 강의 구성에는 아무런 문제가 없어 보였습니다.

"목소리에 대해 이야기하더라고요. 제 목소리가 너무 작고 떨린다고요. 그래서 목소리를 크게 내기 위해 노력하고 있는데, 눈에 보이는 성과는 여전히 없어요."

초대를 받아 온라인 수업에 참여해 본 뒤, 곧바로 아라 씨의 문제점을 알게 되었습니다. 목소리의 크기가 작은 것도 문제였지만, 그보다 더 중요한 문제는 '전달력'이었습니다. 디지털 교육의 특성상 청중에게는 낯선 용어와 개념이 많이 사용될 수밖에 없습니다. 그런데 강사의 전달력이 떨어지니 강의에 참여한 사람들의 집중력이 쉽게 흩어지기 일쑤였던 것이지요.

이렇듯 이미 활발하게 활동을 하고 있는 전문 강사들도 '전달력' 문제로 어려움을 겪고 있습니다. 그러니 이제 막 예비 강사로서 첫발을 떼려는 분들은 십중팔구 교정이 필요한 상황에 처해 있을 가능성이 높지요. 이는 '자신의 목소리를 녹음해 들어 보면 어색해서 견디지 못하겠다.'고 말하는 사람들이 많은 것과도 연관이 있습니다.

하지만 몇몇 분들은 이렇게 이야기합니다.

> 예비 강사 A: 직업상 말을 많이 해야 해서 말하기는 걱정 없습니다.
> 예비 강사 B: 저는 평소에 말을 잘한다는 이야기를 많이 들으니 괜찮겠지요?
> 예비 강사 C: 어렸을 때부터 말소리가 듣기 좋다는 칭찬을 받았어요. 그러니 발음 연습이나 교정은 필요 없을 것 같은데요.

과연 그럴까요? 평소에 말을 잘하는 달변가라거나 직업상 타인과 이야기를 나눌 경험이 많다거나 타고난 목소리가 멋지다는 것과 '강사에게 필요한 전달력'을 갖추는 것은 전혀 다른 차원의 문제입니다.

강사에게 필요한 전달력을 기르기 위해 가장 먼저 해야 할 것은 바로 '끊어 읽기' 연습입니다. 끊어 읽기라는 용어가 낯선 분들도 있을 것입니다. 하지만 전달을 위한 말하기에서 끊어 읽기는 그 무엇보다도 중요합니다.

예시를 통해 끊어 읽기를 체험해 볼까요? 먼저 다음에 제시된 예문을 소리 내어 읽어 보세요.

> 최근 글로벌 경제 동향을 살펴보면, 인플레이션 압력이 지속되고 있음을 알 수 있습니다. 주요 선진국의 중앙은행들은 이에 대응하여 금리 인상을 단행하고 있으며, 이는 전반적인 경제 성장률 둔화로 이어지고 있습니다. 특히, 신흥국 경제에 미치는 영향이 상당히 큰 편으로, 환율 변동성이 증가하고 자본 유출 현상이 심화되고 있습니다.

그리고 자신이 어디서 멈추었는지 끊어 읽기 부호(/)를 표기해 보시기 바랍니다. 끊어 읽기를 처음 접한 분들은 자신이 어디서 잠깐 숨을 멈추거나 쉬었는지 구분하기 어려울 수도 있습니다. 이런 경우에는 녹음기를 켜고 다시 한번 문장을 읽어 보세요. 그다음, 예시 문장을 본 적이 없는 사람인 것처럼 마인드 컨트롤을 하신 뒤 녹음을 들으며 아래의 체크리스트로 점검해 보세요. 확신할 수 없다면 주변의 도움을 받아 체크해도 좋습니다.

| | 체크해 보세요. | 예 | 아니오 |
|---|---|---|---|
| 1 | 호흡이 안정적이고 규칙적인가? | ☐ | ☐ |
| 2 | 전체적인 말의 리듬감이 자연스러운가? | ☐ | ☐ |
| 3 | 말의 속도가 너무 빠르거나 느리지 않은가? | ☐ | ☐ |
| 4 | 중요한 정보나 핵심 단어가 정확히 전달되었는가? | ☐ | ☐ |
| 5 | 전체적인 내용 전달이 명확한가? | ☐ | ☐ |

끊어 읽기는 문장 부호에 따라 호흡을 멈추는 것이 아니라, 내용과 흐름을 고려하여 문장을 의미 단위로 나누어 읽는 것을 말합니다. 끊어 읽는 연습이 제대로 되어 있지 않은 분들은 긴 문장을 읽거나 대화할 때, 자기도 모르게 숨이 차거나 발음이 꼬이는 경우가 많습니다. 속도 조절이 되지 않아 너무 느리거나 빠르

게 말하는 것 역시 끊어 읽기 훈련이 부족해서 전달력을 흐려지는 경우에 해당합니다.

끊어 읽기라고 해서 반드시 호흡해야 한다거나 길게 쉬어야 하는 것은 아닙니다. 문장의 끝이 아닌 곳에서 끊어 읽을 때는, 문장이 계속 이어진다는 것을 목소리의 높낮이나 리듬으로 구분하는 것이 좋습니다. 그리고 끊어 읽기를 지나치게 의식한 나머지 오히려 부자연스러운 리듬이 생기지 않도록 주의하세요. 또한, 끊어 읽기는 어디까지나 의미 전달을 돕기 위한 기술이므로 답이 정해져 있는 것은 아닙니다. 필요하다면 다른 지점에서 끊어 읽어도 무방합니다. 유연성은 강사에게 필요한 제1의 덕목이니까요.

## 끊어 읽기의 기본 규칙

| | |
|---|---|
| 1 | 문장을 의미로 구분하거나 문장 성분(주어 / 서술어 / 목적어 등)에 따라 끊어 읽습니다.<br>예 나는 / 시험을 치기 위해 / ○○ 학교에 / 갑니다. |
| 2 | 긴 수식어구나 접속 부사는 끊어 읽습니다.<br>예 역사적 상처에 맞서며 / 인간 삶의 연약함을 드러내는 / 강렬한 / 시적 산문 |
| 3 | 강조하고 싶은 부분은 끊어 읽습니다.<br>예 우리 회사의 / 새로운 비전은 / '고객 중심' / 혁신입니다. |

이제 끊어 읽기 부호에 유의하면서 다음에 제시된 예문을 다시 읽어 보세요.

최근 글로벌 경제 동향을 살펴보면, / 인플레이션 압력이 / 지속되고 있음을 알 수 있습니다. / 주요 선진국의 중앙은행들은 / 이에 대응하여 / 금리 인상을 단행하고 있으며, / 이는 전반적인 경제 성장률 둔화로 / 이어지고 있습니다. / 특히, / 신흥국 경제에 미치는 영향이 / 상당히 큰 편으로, / 환율 변동성이 증가하고 / 자본 유출 현상이 / 심화되고 있습니다.

차이점이 느껴지시나요? 문장을 끊어 읽는 것만으로 훨씬 더 여유로운 전문가처럼 말할 수 있게 되었지요?

끊어 읽기가 익숙하지 않을 때는 여러 기사나 소설의 문장을 필사한 후, 끊어 읽기 부호(/)를 체크하고 소리 내어 읽는 연습을 반복해야 합니다. 익숙해진 다음에는 스크립트를 보지 않아도 자연스럽게 끊어 읽는 자신을 발견할 수 있을 거예요.

# 끊어 읽기 연습

**끊어 읽기 부호를 직접 표시한 뒤 읽어 보세요.**

| | |
|---|---|
| 1 | 우리가 진정으로 원하는 것은 자유와 정의의 빛이 우리의 땅을 비추는 것입니다. 우리는 언젠가 이 나라가 모든 인간은 평등하게 창조되었다는 진리를 실현할 것이라고 믿습니다. 나는 오늘, 여러분과 함께 꿈을 꿉니다.<br><br>– 마틴 루터 킹 주니어. (1963). 「I Have a Dream」 |
| 2 | 많은 세월이 흐른 뒤 총살 집행을 앞두고 서 있던 순간, 대령 아우렐리아노 부엔디아는 아버지에게 이끌려 얼음 구경을 갔던 먼 옛날 오후를 떠올렸다. 마콘도는 그때만 해도 얼음 거울 같은 맑은 공기가 감도는 스무 집 남짓한 흙벽돌집들이 강가에 늘어서 있는 마을이었다.<br><br>– 가브리엘 가르시아 마르케스. 「백 년의 고독」 |
| 3 | 우리는 지금 새로운 세기와 새로운 천년의 여명에 서 있습니다. 오늘 우리는 20세기의 위대한 공화국을 축하하는 동시에 21세기의 더 위대한 공화국을 선언합니다. 시간이 흘러도 우리의 옛 이상은 새롭게 존재합니다. 자유와 기회의 약속, 시민의 힘과 시민의 책임, 연민의 미덕과 국민에 대한 봉사는 여전히 우리 공화국의 핵심입니다.<br><br>– 빌 클린턴. (1997). 「제2기 대통령 취임사」 |

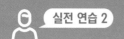 

# 끊어 읽기 예시

| | 다음에 제시된 방식대로 끊어 읽어 보세요. |
|---|---|
| 1 | 우리가 진정으로 원하는 것은 / 자유와 정의의 빛이 / 우리의 땅을 비추는 것입니다. / 우리는 / 언젠가 이 나라가 / 모든 인간은 평등하게 창조되었다는 / 진리를 실현할 것이라고 믿습니다. / 나는 오늘, / 여러분과 함께 / 꿈을 꿉니다.<br><div align="right">– 마틴 루터 킹 주니어. (1963). 「I Have a Dream.」</div> |
| 2 | 많은 세월이 흐른 뒤 / 총살 집행을 앞두고 서 있던 순간, / 대령 아우렐리아노 부엔디아는 / 아버지에게 이끌려 / 얼음 구경을 갔던 / 먼 옛날 오후를 떠올렸다. / 마콘도는 / 그때만 해도 / 얼음 거울 같은 맑은 공기가 감도는 / 스무 집 남짓한 흙벽돌집들이 / 강가에 늘어서 있는 / 마을이었다.<br><div align="right">– 가브리엘 가르시아 마르케스. 『백 년의 고독』</div> |
| 3 | 우리는 지금 / 새로운 세기와 새로운 천년의 여명에 / 서 있습니다. / 오늘 우리는 / 20세기의 위대한 공화국을 축하하는 동시에 / 21세기의 더 위대한 공화국을 / 선언합니다. / 시간이 흘러도 / 우리의 옛 이상은 / 새롭게 존재합니다. / 자유와 기회의 약속, / 시민의 힘과 시민의 책임, / 연민의 미덕과 국민에 대한 봉사는 / 여전히 우리 공화국의 핵심입니다.<br><div align="right">– 빌 클린턴. (1997). 「제2기 대통령 취임사」</div> |

\* 제시한 끊어 읽기 예시가 정답은 아닙니다. 강조하고 싶은 부분과 자신의 호흡을 고려하여 '나만의 정답'을 만들어 보세요.

# 지루함을 타파하는 강의 구성법

"열심히 준비했는데 지루해 하는 반응이 많아요. 그렇다고 농담을 하자니 분위기가 싸해질까 봐 무섭고요. 어떻게 하면 좋을까요?"

마케팅 강의를 하는 현석 씨는 '재미가 없다.'는 강의 후기를 연속으로 받은 후 자신감을 완전히 잃었다고 토로했습니다. 수강생들에게 최대한 많은 정보를 밀도 있게 전해 주고 싶어서 강의 전날까지 교안을 손보고, 미리 퀴즈와 선물도 준비했지만, 강의가 한 시간을 넘어서면 어김없이 꾸벅꾸벅 조는 수강생이 생긴다고 고백했습니다.

"그렇다고 이론 강의를 하지 않을 수도 없으니….."

요리나 공예와 같은 체험형 수업과 달리 이론 강의를 하는 강사라면 모두 한 번쯤은 현석 씨와 같은 고민을 해 보셨을 것입니다. 똑같은 이론 강의를 하더라도 어떤 강사들의 강의는 강의실 밖으로 웃음소리가 들릴 정도로 분위기가 좋은데, 대체 왜 내 강의는 질문해도 대답하는 사람이 하나도 없는 것인지 하고요.

도대체 그 차이는 어디에서 비롯된 것이고, 어떻게 해야 개선할 수 있는 것인지도 궁금할 테고 말이지요.

청중의 호응을 끌어내는 강의를 만들고 싶다면 먼저 '어떻게 하면 지루하게 느껴지는가?'를 알아보는 것이 중요합니다. 실패의 원인을 정확히 알면 적어도 피해 갈 수는 있으니까요.

현석 씨와 같이 성인을 대상으로 강의하는 강사라면, 우선 '성인 학습자'의 특징부터 이해해야 합니다. 성인 학습자는 아동 학습자에 비해 독립적이며 자기 주도적인 성향이 강합니다. 누군가가 시켜서 새로운 것을 배우고 익히려는 것이 아니라 자신의 필요에 의해(내재적 동기) 스스로 학습 여부를 결정했기 때문입니다. 또한, 학습한 지식을 곧장 자신의 상황에 대입하여 적용하고자 하는 경향이 강하기 때문에 교과서적인 내용보다는 실용적인 문제 해결식 프로그램을 더욱 선호하지요. 따라서 이론이 중요한 강의일지라도 반드시 실제 사례를 함께 제시해 수강자가 생생하게 느낄 수 있도록 교안을 구성하는 것이 좋습니다. 그리고 참여자의 토론, 활동지 등을 통해 참여형 강의 구조를 만드는 것이 필요합니다.

실제로 필자는 사교육 강사 역량 강화 교육 중 변화하는 교육과정에 관해 설명할 때면, 학부모와의 실제 상담을 재구성하여 '학원 강사가 교육과정의 흐름을 이해해야 하는 실질적 이유'를 먼저 보여줍니다. 지루할 수 있는 '교육과정의 변화'라는 이론을 곧바로 설명하는 것과 학부모의 갑작스러운 질문에 대처하지 못한 채 전문성에 대한 의심을 받게 된 예를 보여준 다음 설명하는 것. 둘 중에 어떤 방식에서 수강생의 집중도가 높아질 지는 자명하겠지요?

## 아동 학습자 vs 성인 학습자

| 지역 | 아동 학습자 | 성인 학습자 |
|---|---|---|
| 학습자의 성향 | 의존적 | 자기주도적 |
| 교수자의 역할 | 지식 전달자, 주도자 | 촉진자, 조력자 |
| 학습 동기 | 외적 동기<br>(성적, 양육자의 기대 등) | 내적 동기<br>(자아실현, 직무역량 향상 등) |
| 학습 여부 결정 | 주로 교수자나 양육자가 결정 | 학습자가 스스로 결정 |
| 학습 방향 | 교과목 중심 | 문제 해결 중심 |
| 주된 학습 방식 | 강의식, 암기식 | 토론, 사례 연구, 실습 |
| 학습 경향 | 미래 지향적 | 즉시 적용 지향 |
| 내용 선정 | 교수자나 교육과정 중심 | 학습자의 요구 중심 |
| 실용성 추구 | 상대적으로 높음 | 매우 높음 |

리더십 강의를 하는 진희 씨는 다음과 같이 말했습니다.

"저는 강의 중에 질문을 많이 하려고 노력해요. 단방향 소통보다는 쌍방향 소통이 중요하다고 생각하거든요. 하지만 문답이 잘 이루어지는 강의는 그렇게 많지 않더라고요."

참여형 강의를 만드는 것 역시 성인 학습자가 강의에 집중하게 하는 중요한 요소입니다. 진희 씨의 사례는 소통의 중요성도 알고 있고, 참여가 잘 이루어지는 강의를 만들고자 하는 열의도 있지만, 뜻대로 되지 않은 경우에 해당합니다.

진희 씨뿐만 아니라 많은 강사들이 수강생의 적극적인 참여를 유도하기 위해 다양한 질문을 시도하지만 실패하는 경우가 많습니다. 단순히 질문을 던지거나 토론 시간을 마련한다고 수강생들의 태도가 곧바로 변하지는 않기 때문입니다. 그렇다면 참여형 강의가 제대로 이루어지기 위해서는 어떤 것들이 필요할까요?

가장 우선되어야 할 것은 '안전한 참여' 환경을 만드는 것입니다. 여기서 '안전'이란, 학습자의 체면을 상하게 하지 않는 것을 말합니다. 성인 학습자는 체면을 중요시하는 경향이 있기 때문에 자신의 답변이 틀리거나 부적절했을 때를 걱정하여 의견을 피력하는 것을 꺼리곤 합니다. 따라서 답이 정해져 있는 질문은 피하는 것이 좋겠지요? 만약 정답이 있는 질문을 해야 하는 상황이라면 심리적인 안전장치를 마련해 주어야 합니다.

> Q1. 이 경우에 사람들은 오른쪽으로 이동할까요, 왼쪽으로 이동할까요?
> Q2. 이 경우에 사람들은 어느 방향으로 이동할까요? 확률은 반반입니다. 왼쪽이다, 손을 한 번 들어 볼까요? 다음은 오른쪽이다, 손!

제시된 예시의 차이가 느껴지시나요?

Q1의 경우 대답하는 사람을 특정하지는 않았으나, 수강생이 강사의 말에 화답하기 위해서는 반드시 목소리를 내야 한다는 부담감이 있습니다. 반면, Q2는 모든 수강생이 반반의 확률에 그저 손을 들면 되기 때문에 참여는 하되, 자신이 완전히 드러나지 않아도 되므로 익명성을 보장받는 느낌을 받게 되지요.

이렇게 심리적 안전감을 확보했다면, 다음은 단계적 참여 전략을 사용하는 것이 좋습니다. 강사가 갑작스럽게 '적극적 참여'를 요청할 경우 사람들은 과도한 부담감을 느낄 수도 있기 때문입니다. 나아가 방향을 제대로 제시하지 않는다면, 열심히 참여하고자 하는 사람들 역시 갈팡질팡할 수 있다는 점을 기억해 주세요!

'한창 강의 중인데 이런 걸 물어봐도 될까? 적극적으로 참여하라고 했으니까 괜찮으려나?'
'대답하고 싶은데 혹시 나만 목소리를 내면 어떻게 하지? 괜히 나서는 인상을 주기는 싫은데….'

이러한 청중의 고민을 덜어 주기 위해서라도 강사는 쉬운 단계에서 어려운 단계로 참여를 유도할 필요가 있습니다. 앞서 이야기했듯이 청중이 고개를 끄덕이거나 손을 들어 보는 등의 가벼운 활동에 참여하기 시작했다면, 다음은 활동지 등을 사용해 적극적인 참여를 유도할 때입니다. 활동지 사용은 즉각적인 답변을 요구하지 않습니다. 대신 청중에게 충분한 시간을 제공하면 청중은 자신의 경험과 생각을 강의 내용과 연결하고, 자신의 의견도 정리할 수 있습니다. 또한, 학습한 내용이 뜬구름 잡는 소리가 아니라 실제로 적용 가능한 것임을 인지하게 됩니다. 그리고 이론을 자신의 상황에 적용하는 과정을 거침으로써 실질적 학습 효과를 높이게 되기도 하지요. 결국 수강 만족도 역시 자연스럽게 높아질 수밖에 없겠지요?

단, 활동지를 사용할 때는 주의할 점이 있습니다.
바로, 활동에 필요한 소요 시간입니다.

일회성 강연은 길어도 2시간을 넘지 않는 경우가 대부분입니다. 따라서 활동지 작성에 너무 많은 시간을 소요하게 되면 강의 흐름이 끊기고 오히려 집중력이 떨어질 수 있습니다. 그러므로 활동지에 너무 많은 것을 담으려고 해서는 안 됩니다. 핵심적인 내용을 중심으로 담고, 활동 시간이 15분을 넘지 않도록 조절해 주세요. 활동 전에 제한 시간을 고지하는 것도 잊어서는 안 됩니다.

활동지 작성이 끝나면 반드시 피드백도 이루어져야 합니다. 강연의 특성상 개별 피드백은 어렵다고 하더라도 전반적인 사항은 짚고 넘어가야 하는데, 이러한 과정이 수반되지 않으면, 시간 때우기용 활동으로 느껴져 반감을 불러일으킬 수 있으므로 주의해야 합니다. 자연스러운 피드백을 위해서는 2~3명 정도의 사례를 공유하거나(발표 혹은 질문) 강사가 예시를 통해 보완 설명해 주는 것도 좋습니다.

수강생의 상황과 수준을 고려하는 것도 중요합니다. 너무 쉬운 내용이라면 흥미가 떨어지고, 너무 어려운 내용이라면 전반적인 강의 구성에 대해 의문을 품게 되므로 적절한 난이도를 찾는 과정이 필요하겠지요?

고교학점제 느껴보기

# 학교 교육과정 확인하기

우리 아이는 어떤 과목을 배우게 될까?

| | 학교 지정 | 학생 선택 |
|---|---|---|
| 1학년 1학기 | 국어(4) 한국사(3) 수학(3)<br>통합사회(3) 영어(4) 통합과학(3)<br>과학탐구실험(1) 체육(2)<br>음악연주(1) 한문 I(3) | A. 중국어 I, 일본어 I<br>중 택1 |
| 1학년 2학기 | 국어(4) 한국사(3) 수학(3)<br>통합사회(3) 영어(4) 통합과학(3)<br>과학탐구실험(1) 체육(2)<br>음악연주(1) 정보(3) | |
| 2학년 1학기 | 문학(3) 수학 I(4) 영어 I(4)<br>운동과건강(2) 음악(3) | A. 경제, 한국지리, 고전과윤리,<br>생명과학 I, 지구과학 I, 과학과제연구<br>중 택2<br><br>B. 고전읽기, 수학II, 영어권문화,<br>일본어 II, 중국어 II, 심리학,<br>로봇소프트웨어개발<br>중 택2 |
| 2학년 2학기 | 독서(3) 영어 II(4)<br>운동과건강(2) 음악(3) | A. 수학 II, 미적분 중 택1<br>B. 세계사, 사회문화, 세계지리,<br>윤리와사상, 물리학 I, 화학 I<br>중 택2<br><br>C. 고전읽기, 경제수학, 영어권문화,<br>일본어회화 I, 중국어 회화 I,<br>심리학, 로봇소프트웨어개발<br>중 택1 |
| 3학년 1학기 | 영어독해와작문(3) 미술(2)<br>스포츠생활(2) 진로와직업(4) | A. 심화국어, 기하, 심화영어독해 I<br>인공지능기초, 여행지리, 생활과과학<br>중 택3<br><br>B. 화법과 작문, 언어와 매체,<br>인공지능수학, 확률과통계, 심화수학 I<br>동아시아사, 정치와법, 생활과윤리,<br>사회문제 탐구, 생명과학 II, 물리학 II,<br>화학 II, 지구과학 II, 물리학실험,<br>화학실험, 생명과학실험, 지구과학실험<br>중 택4 |
| 3학년 2학기 | 심화영어 I(3) 스포츠생활(2)<br>미술(2) 진로와직업(4) | |

# 교과목 선택 연습

| [질문 1] 우리 아이의 진로 희망은 무엇인가요? | |
| --- | --- |
| ★ 진로 희망 계열?<br>예) 공과 계열 | ★ 희망 학과?<br>예) 기계공학과 |

| [질문 2] 진로 희망에 따라 선택할 과목을 적어 봅시다. | | |
| --- | --- | --- |
| | ★ 부모님 선택 과목 | ★ 자녀 선택 과목 |
| 1학년 1학기 | | |
| 1학년 2학기 | | |
| 2학년 1학기 | | |
| 2학년 2학기 | | |
| 3학년 1학기 | | |
| 3학년 2학기 | | |

# 예상치 못한 질문에 대처하기

누구보다 당당한 모습으로 능수능란하게 강의를 진행하는 프로 강사 서진 씨.

"그 강의는 정말 많이 해서 눈을 감고도 진행할 수 있을 정도였거든요. 그런데 예상치 못한 타이밍에, 예상할 수 없었던 질문을 받곤 어떻게 할지 몰라 허둥대다가 그만 엉뚱한 소리를 하고 말았어요. 얼버무리고 넘어가긴 했는데 강의 내내 그 실수가 생각이 나서 얼굴이 화끈거리더라고요."

서진 씨는 이제는 웃으며 이야기할 수 있다며 그날의 상황을 들려주었습니다. 오래된 일이지만 아직도 바로 어제 일처럼 생생하다는 이야기를 덧붙이는 것을 보면 그 날의 일이 충격적이기는 했던 모양입니다.

하지만 이는 누구에게나 벌어질 수 있는 상황이고, 누구라도 겪어 보았을 만한 일일 뿐, 결코 특별한 경험은 아닐 것입니다.

누군가의 질문에 제대로 답하지 못하거나 말이 꼬이고 생각이 멈추는 경험, 모두 한 번 쯤은 해 보셨죠? 학창 시절에 발표를 할 때나 직장 생활 중에 상사로부터 갑작스러운 질문을 받았을 때를 떠올려 보세요. 면접이나 인터뷰를 하던 상황도 좋습니다.

강사는 이런 '예기치 못한 질문'에 익숙해져야 하는 사람들입니다. 그러니 질문을 피하는 것은 결코 능사가 아닙니다. 잘 대처하는 방법을 찾을 수밖에요.

사람들은 왜 질문을 받으면 당황할까요?

예상하지 못한 질문을 받으면 우리 몸은 즉시 긴장 모드로 들어갑니다. 그리고 심장 박동이 증가하고 혈압이 상승하며 식은땀이 흐르고 '눈앞이 새하얘졌다.' 고 말하는 일시적 사고 정지를 경험하기도 합니다. 우리의 뇌는 준비되지 않은 상황에서 받는 질문을 일종의 위협으로 간주하는 것입니다. 이를 심리학에서는 '투쟁-도피 반응(Fight or Flight Response)'이라고 하지요.

따라서 예상하지 못한 질문을 받아 당황하는 것도, 그로 인해 신체적 반응이 나타나는 것도 지극히 자연스러운 일입니다. 중요한 것은 이런 반응을 부끄러워하거나 지나치게 의식하지 않는 것이지요. 자책할 필요도 없습니다. 우리 몸은 자신을 보호하기 위해 당연히 해야 할 일을 했을 뿐이니까요.

우리는 갑작스럽게 스트레스를 받은 몸의 반응을 이해하고 대처하면 됩니다. 우선 곧장 답변하지 말고 약간의 시간을 벌어 보세요. 잠깐이라도 시간을 확보한 뒤 심호흡을 하거나 물을 조금 마시는 것만으로도 신체는 이완됩니다.

"좋은 질문이네요."라고 말하는 것도 좋은 전략입니다. 이 짧은 문장 하나가 가져오는 변화는 생각보다 강력하니까요. 강사에게 여유가 생기면 주도권을 다시 가져올 수 있는 힘이 생기거든요.

"정리하자면 질문하신 내용이 ○○○이 맞나요?"라고 질문을 재구성하는 것도 훌륭한 방법입니다. 이를 통해 강사는 컨디션을 회복하는 것은 물론 질문자의 의도를 재차 파악할 수 있고, 다른 수강자들에게도 질문을 다시 정돈할 수 있는 기회를 제공할 수 있기 때문이지요. 따라서 갑작스러운 질문은 방해 요소가 아니라 강의를 더욱 풍부하게 만들어 주는 재료가 될 수도 있습니다.

답이 존재하지 않는 질문이라면 토론으로 전환하는 방식도 사용할 수 있습니다. "다른 분들은 어떻게 생각하시나요? 동의하시나요?"와 같은 질문을 통해 다양한 관점을 이끌어내고 자연스럽게 심화 활동을 전개하는 것이지요.

하지만 시간을 확보했음에도 불구하고 답변할 수 없는 질문도 있을 것입니다. 그럴 때를 위해 강사는 '모른다는 것을 인정하는 연습'을 해야 합니다.

많은 강사님이 수강생 앞에서 '모른다'고 말하면 전문가로서의 권위를 상실하게 되지 않을까 하여 두려움을 느끼는 듯합니다. 하지만 이러한 강박은 유연한 대처를 방해하는 요소일 뿐, 강의력 상승에 어떤 도움도 되지 않습니다.

수강생들은 생각보다 강사의 실수에 대해 관대합니다. '실수 효과(Pratfall Effect)'라는 용어가 있습니다. 긍정적으로 평가하고 있던 사람이 허점을 드러내거나 사소한 실수를 저질렀을 때 오히려 대중의 호감도는 높아진다는 개념이지요.

모든 면에서 완벽해 보이는 사람은 무척 유능해 보이지만 어쩐지 가까이하기가 어렵죠? 동질감을 느끼기도 어려울 테고요. 하지만 완벽해 보이던 전문가에게도 '인간적인 구석이 있구나!' 하는 생각이 드는 순간 사람들은 그를 편안하게 여기기 시작합니다. 무대 위에서 누구보다 반짝이는 스타가 실제로는 '허당'이라는 것이 알려질 때, 팬들이 더욱 열광하는 것과 같습니다.

결국 전문가의 겸손과 모르는 것을 인정하는 태도는 그의 권위를 손상시키지 않습니다. 오히려 이러한 태도는 수강생의 심리적 거리감을 줄여 줄 수 있습니다. 그리고 수강생이 전문가의 진정성을 느끼게 하여 신뢰감을 확보하는 발판이 되기도 합니다.

단, 이때의 '실수'는 강의 전반을 통틀어 한두 가지 정도에 국한되어야 합니다. 이를 넘어서 실수가 잦아지면 그때부터는 '실력'에 대한 의심을 받을 수밖에 없겠죠? 그러므로 예상할 수 있는 질문에 대한 답변은 사전에 최대한 준비해 두어야 한다는 사실, 잊지 마세요.

# 질문에 대한 답변을 미리 준비하는 방법

| | |
|---|---|
| 1 | **예상 질문 만들기**<br>▸ 강의 준비 단계에서 마인드맵 등을 활용해 주제별로 가지를 뻗어 나가 예상 질문을 만들어 보세요. 이때 중요한 것은 논리적인 질문만 포함해서는 안 된다는 것입니다.<br>▸ 강사를 가장 당황하게 만드는 것은 논리적 오류가 없는 질문이 아니라 '엉뚱함'이 묻어 있는 질문일 때가 많으니까요. |
| 2 | **예상 질문 시뮬레이션하기**<br>▸ 예상 질문을 만들었다면 반드시 동료나 가족에게 부탁해 실제로 질문을 받아 보세요.<br>▸ 조금 익숙해진 뒤라면 연습 상대에게 떠오르는 질문을 아무렇게나 해 달라고 부탁해 보는 것도 실전에서 당황하지 않기 위한 좋은 연습 방법입니다. |
| 3 | **미리 질문받기**<br>▸ 가능하다면 미리 강연처와 논의해서 수강생들의 질문을 받아 보세요.<br>▸ 질문에 대한 답을 찾는 데도 도움이 되지만, 보다 밀도 있는 강의를 만들기에도 유용합니다.<br>▸ 질문을 사전에 취합하는 것이 어렵다면 강의 시작 전에 질문을 받은 뒤 질의응답 시간에 자연스럽게 녹아내는 것도 좋습니다. |

# 시간 배분,
# 강의의 완성도를 좌우한다

"해야 할 말을 적어서 프린트해 가려고요. 그러면 괜찮지 않을까요?"

"실은 며칠 동안 계속해서 리허설을 했어요. 그래도 떨리는 건 어쩔 수 없네요."

"교안 페이지에 맞게 해야 할 말을 적어 두고 최대한 다 외우려고 했습니다. 기억이 잘 나야 할 텐데…."

강의를 준비하고 있거나 처음 시작하는 강사들은 '혹시라도 준비한 내용을 잊어버리면 어떡하지?'와 같은 고민에 빠지고는 합니다. 정해진 시간 안에 준비한 이야기를 다 풀어내지 못하는 것이 두렵다고 말하거나, 시간이 많이 남았음에도 불구하고 전해야 할 말이 끝나버리는 것이 암담하다고 이야기하는 분들도 있지요. 양질의 강의를 준비하더라도 정해진 시간을 준수하지 못한다면 가치는 반감되고 마니까요. 전업 강사와 달리 N잡으로 강의를 시작하는 강사는 한 달에 2~3건 정도의 강의를 진행하는 등 강의 횟수가 적어서 시간 관리에 익숙해지기가 더욱 어렵기도 합니다.

초보 강사들이 겪는 시간 배분의 문제점을 하나씩 짚어 볼까요?

먼저, 과도한 의욕으로 인해 시간이 부족한 사례가 있습니다.
귀한 걸음을 해 준 수강생들에게 최대한 많은 것들을 쥐여 주고 싶다는 열정으로 인해 전달하고자 하는 내용이 많아지는 경우인데요. 자료를 추가하고 꽉 차게 강의를 구성하더라도 시간은 한정되어 있으므로 결과적으로 열심히 준비한 자료 중 상당수는 아예 수강생들에게 보여주지도 못한 채 강의가 끝나고 말지요. 문제는 단순히 교안의 몇몇 내용을 패스하는 것에 그치는 것이 아니라는 점입니다.

'이 부분은 개념이 좀 어려우니 예시를 하나 더 들고, 이 페이지와 다음 페이지 사이의 유기적인 흐름을 위해 아무래도 그림 자료를 하나 더 넣어야겠어. 아, 파트 3을 시작하기 전에는 청중의 호기심을 자극하고 참여를 이끌어내기 위해 질문을 던져 보는 것도 괜찮겠는데?'

강의는 마치 음악처럼 멜로디가 존재합니다. 이 부분은 여리고 약하게, 점점 고조되다가 클라이맥스에서 빵! 하고 터뜨리는 플로 말입니다. 그런데 시간에 쫓겨 준비한 교안의 일부를 마구잡이로 건너뛰다 보면 계획했던 흐름이 무너질 수밖에 없습니다. 내용의 깊이는 얕아지고 청중과의 소통은 사라지지요. 이는 결과적으로 청중의 이해도와 만족도가 모두 떨어지는 결과를 낳습니다.

그러나 정반대의 경우도 있습니다.
전하고 싶은 내용이 많아 시간이 늘어나는 것이 아니라 긴장감이 지나쳐 강의 템포가 빨라지거나 진행이 미숙한 탓에 예정된 시간보다 강의가 일찍 끝나버리는 사례입니다.

"강의 경험이 많지 않다 보니 여유를 완전히 잃어버렸어요. 말은 점점 빨라지고, 준비했던 농담도 하나도 하지 못했죠. 질의응답 시간에도 질문을 많이 받지 못했거든요. 그러다 보니 준비한 것이 모두 끝났는데도 시간은 30분이나 남은 거 있죠. 시계를 보는데 숨이 턱 막히더라고요."

시간이 남으면, 경험이 많은 강사들은 즉흥적으로 내용을 추가하거나 질의응답 시간을 활용하여 강의 시간을 맞추기도 하지만, 초보 강사들은 눈앞이 캄캄해질 수밖에 없습니다.

일반적으로 강연처는 강의 시간이 넘치는 것보다 모자란 것에 더욱 민감합니다. 왜냐하면 강사료는 시간을 기준으로 지급액이 책정되어 있는 경우가 많기 때문입니다. 대다수의 기관은 정해진 기준에 따라 산출한 강의 시간에 따라 강사료를 산정하여 지급합니다. 게다가 강사와 기관은 사전에 고지한 시간대로 강의가 진행되지 않았을 때 발생하는 민원에 대한 책임에서 벗어나기 어렵습니다. 따라서 강사는 강의 시간을 배분하는 데 주의를 기울여야 합니다.

시간 배분을 제대로 하기 위해서는 몇 가지를 체크하고, 이를 강의 시간에 반드시 포함해야 합니다.

많은 초보 강사들이 도입 단계를 간과하고는 합니다. 하지만 강의를 시작하자마자 본론에 들어가는 것보다는 본격적으로 수업을 전개하기에 앞서 아이스 브레이킹에 시간을 할애하여 서먹서먹한 분위기를 풀고 주의를 집중할 수 있도록 하는 것은 매우 중요합니다. 이 시간을 어떻게 보내느냐에 따라 청중의 집중도와 강의 참여도가 달라지므로 긴장감을 허물 수 있는 가벼운 농담이나 인사말 정도는 필히 준비하시기를 바랍니다.

90분 이상 진행되는 강의라면 휴식 시간도 고려해야 합니다. 특히 오랜만에 책상 앞에 앉은 성인을 대상으로 하는 강의라면 더더욱 주의를 환기할 시간이 필요하지요. 훈련되지 않은 사람의 집중력은 생각보다 짧으므로 휴식 시간 없이 장시간 이어지는 강의는 점점 주의력을 떨어뜨리기 마련이고, 이는 곧 수업 집중도와 참여도의 하락으로 연결되기 때문입니다.

하지만 실습이나 활동지 작성이 포함된 강의라면 휴식 시간 배분에 주의할 필요가 있습니다. 강사가 보기에는 간단한 내용이더라도 청중의 이해도나 참여 의지 등에 따라 실습 시간은 꽤 길어질 수도 있지요. 또, 활동지를 작성하는 데 소요되는 시간은 개인마다 편차가 있습니다. 따라서 어떤 사람들은 실습이나 활동지 작성 시간, 대기 및 휴식 시간이 동시에 있는 경우 강의의 밀도에 대해 의문을 제기하기도 합니다. 휴식 시간이 필요한 이유가 주의를 환기하는 것이라는 점을 고려했을 때, 실습 및 활동지 작성 시간과 휴식 시간 중 하나만 취사선택해도 무방합니다.

한편, 때로는 사전에 협의되지 않은 관계자의 인사말이나 안내 사항 전달 등을 이유로 강사에게 배정된 시간을 허비하게 될 수도 있습니다. 필자의 경우에는 2시간 동안 진행하기로 한 강의에서 관계자의 인사말이 20분 가까이 이어졌던 적도 있는 만큼 이는 실제 강의 시간 부족을 초래하는 잦은 요인 중 하나입니다. 따라서 예고 없이 강의 시간을 빼앗기는 일을 예방하기 위해서는 사전에 담당자와 조율하는 센스도 필요합니다.

질의응답은 전체 강의 시간의 약 10퍼센트 정도를 할애하는 것이 적절합니다. 통상적으로 90분 동안 진행되는 강의라면 10분, 120분 동안 진행되는 강의라면 10~15분 정도의 질의응답 시간을 배정하는 것을 추천합니다. 이 정도 시간이라면 질문에 대한 답변도 충분히 할 수 있고, 동시에 강의의 핵심 내용을 다시 한번 정리할 수도 있으니 일거양득의 효과를 거둘 수 있습니다.

한 가지 주의해야 할 것은 질의응답 역시 강의의 중요한 파트이므로 질의응답 시간 전, "이것으로 강의를 마칩니다. 궁금한 점이 있는 분들은 남아서 자유롭게 질문해 주세요."라는 식으로 강의를 끝내는 것은 지양해야 한다는 점입니다. 청중들이 자연스럽게 질의응답에도 참여할 수 있도록 유도해 주세요.

# 효과적인 시간 배분을 위한 리허설 체크리스트

| 체크해 보세요. | |
| --- | --- |
| 1 | 실제 강의 환경에 맞추어 서거나 앉아서 연습한다. | ☐ |
| 2 | 타이머를 활용하여 파트별 소요 시간을 확인한다. | ☐ |
| 3 | 자료 배부, 인사, 휴식 시간 등 부수적인 시간도 포함한다. | ☐ |
| 4 | 강의의 핵심 내용과 부가 내용을 구분하여 따로 기록한다. | ☐ |
| 5 | 강의 시간이 남을 경우를 대비해 추가할 수 있는 내용을 정리한다. | ☐ |
| 6 | 강의 시간이 부족할 경우를 대비해 생략해도 되는 부분을 확인한다. | ☐ |
| 7 | 처음 하는 강의라면 리허설을 녹화하여 말의 빠르기 등을 점검한다. | ☐ |

# 같은 길을 걷고자 하는 이들에게
# 동기부여 강의로 용기를 북돋아 주는 선배님

최선영 평론가 fermata_sy@naver.com
2019 조선일보 신춘문예 문학평론 등단
당선작: 「'너'에서 '너들'로, '광주'를 되불러오기-한강의 '소년이 온다.'」

**Q. 간단한 소개를 부탁드립니다.**

**A.** 2019년 조선일보 신춘문예 문학평론 부문으로 등단한 최선영입니다. 명지대학교 문예창작학과를 졸업하고 같은 대학에서 석박사 과정을 마쳤습니다. 현재는 비평 활동과 함께 해설, 소논문 등을 발표하며 연구 활동을 병행하고 있습니다. 평론가라는 직업상 늘 독서와 창작에 매진하는 생활을 하고 있는데요, 때때로 대학이나 서점에서 강연하며 제 이야기를 나누고 있습니다. 주로 문단에 들어오고자 하는 지망생들을 만나게 되는데, 저는 그 자리가 참 귀중합니다. 언어와 씨름하는 외로운 시간 속에서, 지망생들의 뜨거운 열정을 마주하면 저 역시 새로운 힘을 얻게 되거든요. 그들에게 진솔하지만, 너무 무겁지 않은 언어로 다가가고자 합니다.

**Q. 평론가로서의 경험이 동기부여 강연에 도움이 되었나요?**

**A.** 네, 많은 도움이 되었습니다. 개인적 경험과 분리된 강연은 오히려 상상하기 어려울 정도입니다. 평론이라는 분야는 독특합니다. 예술이면서 연구이고, 창작이면서도 원작이 존재하죠. 예술과 연구 사이 어딘가에 자리 잡고 있다고 할 수 있습니다.

평론가들은 동료 선후배와 어느 정도의 언어적·감성적 공감대를 가질 필요가 있습니다. 공감대를 느끼지 못하더라도 최소한 동료들이 어떤 감성을 가졌는지는 알아야 하죠. 시대 감성을 이해해야 소통 가능한 평론을 쓸 수 있으니까요. 저의 경험이 강연에 도움이 된다고 느낀 것은 이런 맥락입니다. 이는 강연을 잘한다는 기술적인 자신감과는 다른 차원의 문제입니다. 제 성장 과정에는 문학을 바라보는 시선과 관점, 의식이 담겨있고, 그것이 지망생들에게 실질적인 도움이 될 수 있다고 생각합니다.

물론 이를 위해서 강연 언어를 정제할 필요가 있었습니다. 개인적·일시적인 이야기보다는 결과적으로 평론에 도움이 되었던 경험을 선별하는 것이 중요했죠. 제게 강연의 기술이 있다면, 바로 이 이야기들을 선별하는 능력일 것입니다.

**Q. 동기부여가 목적인 강의 역시 현실적 고민과 해결 방향을 배제할 수는 없을 것 같습니다. 이에 대해 어떻게 생각하시나요?**

**A.** 문학은 창작이든 평론이든 상당한 공과 열정, 시간을 요구하는 작업입니다. 저는 이 쉽지 않은 일을 포기하지 말라고 진심으로 권합니다. 그만큼 매력적이고 가치 있는 일이기 때문입니다. 다만, 현실적으로 '문학을 한다.'는 것은 늘 생계라는 고민과 맞닿아 있습니다. 이는 동기부여를 하는 입장에서 큰 딜레마지요.

한 사람의 직업인으로서는 '알아서 길을 잘 찾으면 된다.'고 말할 수 있습니다. 실제로 많은 작가와 평론가들이 다양한 직업과 사업을 자신의 작품 활동과 결합하고 있고, 그 안에서 자금의 선순환을 만들어내고 있습니다.

하지만 '알아서 하라.'는 것은 선배로서 할 말은 아닙니다. 우리 선배들이 더 잘했다면 후배들이 이런 고민을 덜 했을 테니까요. 그래서 저는 이런 질문을 받으면 이렇게 답합니다. 발 딛고 있는 현실을 제대로 직시하라고요. 원고지 안에서는 자유로워야 하지만, 글을 쓰는 우리의 몸은 현실에 귀속되어 있음을 잊지 말아야 합니다.

문학이라는 단어를 그럴듯한 미명이 아닌, 수입을 창출하는 직업의 관점에서 바라보라고 권합니다. 내 글이 어떤 재화로 이어지는지, 부족하다면 무엇을 더 해야 하는지 냉철하게 분석해 보라고요. 놀랍게도 이렇게 현실을 직시할 때 오히려 길이 보이기 시작합니다. 그 길이 보이는 순간, 막연한 불안감은 사라지고 구체적인 실천 과제가 생기게 됩니다.

**Q. 수강생들의 변화를 위한 응원의 메시지를 전달할 때 특별히 신경 쓰는 점은 무엇인가요?**

**A.** 한 번의 강연으로 누군가를 변화시킬 수 있다고 생각하지는 않습니다. 순간의 고양감은 있을 수 있지만, 일상으로 돌아가면 대부분 휘발되기 마련이죠. 글은 그나마 종이에 남아 다시 읽힐 수 있지만, 말은 기억에서 사라지면 그뿐입니다. 그래서 저는 실체 없는 말을 경계합니다. '할 수 있다.', '용기를 내라.', '모두가 힘들다.', '노력하면 된다.' 같은 말들 말이죠. 틀린 말은 아니지만, 누구나, 심지어 수강생 스스로도 할 수 있는 이런 말들은 듣는 사람의 삶에 어떤 흔적도 남기지 못하니까요.

대신 저는 제 언어에 실체를 담으려 노력합니다. 정확한 수치, 이름, 실제 사실들을 바탕으로 긍정적 해석을 더해 응원의 메시지를 만듭니다. 사람은 실체적인 것, 즉 손에 잡히는 명확한 것에 반응하고 그것을 오래 기억하기 때문입니다. 한 개인의 감정적 응원이 아닌, 이 세상에 존재하는 '사실'로 응원한다면 더 큰 힘이 되지 않을까요? 이런 사실을 찾아 전달하는 것이 강연자로서 제가 할 수 있는 최선의 정성이라고 생각합니다.

**Q. 문화예술계에서 평론가로 살아간다는 것은 어떤 의미인가요? 이상적인 모습과 현실적인 모습 사이에서 자신만의 방향성을 찾는 법을 청중들과 어떻게 나누시나요?**

**A.** 먼저, 현실적인 모습을 단순히 생계의 문제로 해석하고 싶지는 않습니다. 대부분의 지망생은 이미 그 어려움을 각오하고 이 길을 선택하니까요.

문화예술계에서 평론가가 할 수 있는 일은 의외로 다양합니다. 신간 리뷰나 비평을 쓸 수 있고, 정치적 현안을 예술 작품과 연결할 수도 있으며, 역사의 미학을 현대 작품과 접목할 수도 있습니다. 문학비평이라고 해서 문학만 다룰 필요도 없죠. 매체, 상품, 사회, 정치 등 다양한 분야와 접목이 가능합니다.

하지만 이런 자유로움이 오히려 신인 평론가들에게는 충격이 되기도 합니다. '반드시' 해야 할 의무가 주어지지 않기 때문입니다. 특히, 규격화된 교육을 받아온 한국의 환경에서는 이런 자유가 불안과 박탈감으로 다가올 수 있습니다. 문학계에 들어와 글을 쓰는데 세상이 나를 '꼭' 필요로 하지 않는다는 느낌, 내가 잘하고 있는지조차 알 수 없다는 불안감이 찾아옵니다.

그래서 저는 반드시 자신만의 방향성을 정하라고 강조합니다. 평생 쓸 글을 하나의 덩어리로 보고, 그 방향을 스스로 '결정해야' 합니다. 문학 속 철학이든, 미학이든, 사회학이든 '나는 이런 글을 쓰는 사람'이라는 정체성이 필요합니다. 그래야 앞으로 쓸 글의 방향성이 생기고, 문단에서의 캐릭터가 만들어집니다.

다만, 이 방향 설정이 자신의 한계를 규정하는 것은 아닙니다. 실제로 글을 쓰다 보면 처음 정한 길에서 조금씩 벗어나기 마련입니다. 그 과정까지도 자신의 길이 되는 것이죠. 평론가의 자유로움은 그때 다시 빛을 발합니다.

**Q. 강연 중에 받은 질문 중에서 가장 기억에 남는 질문은 무엇인가요?**

**A.** 제법 충격적인 경험이 하나 있습니다. 비평과 등단에 대해 열심히 강연을 했는데, 한 수강생이 제 말이 너무 어려워서 반은 이해하지 못했다고 했습니다. 맥락은 이해했지만 개념이 어렵다면서, 이를 이해하기 위해서는 어떻게 공부해야 하느냐고 물었죠.

문제는 제 입장에서는 정말 쉽게 설명했다고 생각했다는 것입니다. 평론도 어렵지 않다는 인상을 주고 싶었는데, 오히려 반대의 결과를 낳은 거죠. 그때 깨달았습니다. 평론이 생각보다 훨씬 더 대중은 물론이고 지망생들과도 거리가 멀다는 것을요.

저는 우선 그날의 강연 내용을 한두 줄로 축약해서 다시 설명했습니다. 강연 내용은 강연 시간 안에 소화할 수 있어야 하니까요. 제 강연을 듣고 추가 공부가 필요하다면, 그건 실패한 강연이라고 생각합니다.

돌아오는 길에 조금 허망했습니다. 더 깊이 있는 언어로 설명했으면 좋았을 거라는 생각도 들었죠. 하지만 곧 깨달았어요. 그것은 제 욕심이었다는 것을요. 강연은 강연자의 몫이지만, 이해는 전적으로 청중의 몫입니다. 좋은 강연자라면 청중이 원하는 방향과 수준을 빠르게 파악하고, 거기에 맞춰 메시지를 전달할 수 있어야 합니다. 특히, 평론 같은 전문 분야일수록 더 많은 주의가 필요하겠죠.

**Q. 평론가님께서 생각하는 좋은 강사는 어떤 사람인가요?**

**A.** 여러 답이 있을 수 있고 모두 존중하고 싶지만, 제가 생각하는 좋은 강사는 '실효성 있는 강연을 하는 사람'입니다. 강연은 짧은 시간 동안 말과 제한된 자료로만 메시지를 전달해야 하다 보니, 자칫 감정 전달 위주로 흐르기 쉽습니다.

응원과 위로 같은 긍정적인 감정도 마찬가지죠.

이런 감정 중심의 강연은 그 순간에는 뜨겁고 몰입도도 좋지만, 개인적으로는 조금 아쉽게 느껴집니다. 강연장을 나서면 현실이 기다리고 있고, 감동은 금세 다른 감정으로 대체되기 때문입니다. 결국 '그 사람 강연 들어봤다' 정도의 기억만 남기 쉽죠.

그래서 저는 실용적이고 일상에 접목할 수 있는 무언가를 전달하는 강사가 좋은 강사라고 생각합니다. 객관적인 수치에 기반한 내용이면 좋고, 구체적인 방법까지 제시한다면 더할 나위 없겠죠. 물론 이게 쉽지는 않습니다. 객관적이고 구체적인 내용을 전달하는 순간, 그만큼의 책임도 따르게 되니까요. 하지만 강사라는 직업을 선택했다면 그 책임까지 기꺼이 감당해야 한다고 봅니다. 세상 모든 일이 그렇듯 비판 없는 발전은 없으니까요.

PART 4

# 나에게 맞는
# 무대 찾기

# 청소년 대상 강의의
# 특징과 맞춤 전략

일반적으로 '강연'이라고 하면 그 대상을 성인에 한정 지어 생각하는 분들이 많습니다. 하지만 강연과 강의 시장에서 결코 빼놓을 수 없는 세대가 있지요? 바로 '청소년'입니다. 최근 초·중·고등학교에서는 진로 특강이나 교과 연계 특강을 점점 더 필요로 하고 있고, 도서관에서는 방학 특강이나 주말 프로그램이 운영되며, 청소년 진로센터나 진로직업체험지원센터 등에서도 다양한 강의 기회가 있습니다. 특히, 최근에는 자유학기제와 고교학점제 등의 교육 정책으로 인해 외부 강사의 수요가 더욱 증가하고 있는 추세입니다.

하지만 청소년 강의는 몇 가지 특징들이 있습니다. 성인과는 다른 이 특징을 이해하지 못한다면 청소년을 대상으로 하는 강의는 지속하기 어렵습니다.

먼저 이해야 할 것은 대부분의 청소년 강의는 학교 혹은 단체가 주도한다는 것입니다. 그러니까 학생들 개개인에게는 딱히 선택권이 없다는 의미입니다. 자신의 관심 분야가 아닌데도 반 친구들과 함께 의무적으로 참여해야 하는 경우가 대부분이지요.

"중학생을 위한 글쓰기 특강을 어느 중학교에서 한 적이 있었어요. 자신 있었죠. 성인 대상 강의를 오래 했거든요. 그런데 와, 아무리 말해도 심드렁하고, 농담에도 무표정 일색. 정말 아찔하더라고요. 10분이 1시간 같았어요. 이때 깨달았죠. 청소년 강의는 정말 다른 영역이구나 하고요."

이처럼 자기가 선택하지 않은 강의를 들어야 하는 청소년을 대상으로 강의를 진행할 때는 일방적으로 내용을 전달하는 것은 금물입니다. 상호작용을 통해 분위기를 부드럽게 만드는 것이 우선이지요. 하지만 청소년기는 또래 친구들의 반응에 예민한 시기이기 때문에 이질적인 행동은 사전에 스스로 차단하는 경우가 많습니다. 이는 다수가 심드렁하다면 강의 주제에 관심이 있더라도 혼자서만 적극적으로 강의에 참여하기는 어렵다는 의미이기도 합니다. 따라서 옆에 있는 친구와 2인 1조로 짝을 지어 서로 이야기를 나누게 하거나 4~5명씩 조를 나눠 미션을 주고 경쟁을 붙이는 것이 학생들의 참여를 유도하는 좋은 방법이 될 수 있습니다.

강화물을 사용하는 것도 좋습니다. "발표를 한 팀에게 초콜릿을 드립니다!"라는 말 한마디에 분위기가 달라지기도 합니다. 별것 아닌 것이라고 해도 학생들은 예상치 못한 상품이 등장하면 순식간에 집중을 시작하지요. 분위기가 형성되면 무표정하게 팔짱을 끼고 있던 아이들도 어느새 손을 들고 "저요!"를 외칩니다.

그러나 상품이나 간식을 활용할 때는 주의해야 할 점도 있습니다. 첫 번째는 너무 큰 상품은 오히려 부담이 될 수 있다는 점입니다. 강화물은 작은 과자나 사탕 정도면 충분합니다. 두 번째는 상품에만 집중하다가 강의의 본질을 놓치지 않도록 하는 것입니다. "발표를 정말 잘했네요. 여러분의 생각이 참신했어요!"

와 같은 구체적인 칭찬과 함께 상품을 주되, 경쟁이 과열되지 않도록 조절하는 것 역시 강사의 몫입니다.

집중력 관리도 매우 중요한 포인트입니다. 학생들은 대부분 학교 수업 시간에 맞춰서 생활하기 때문에 40~50분 단위로 강의를 끊어 구성할 필요가 있습니다. 2시간 동안 진행되는 강의라면, '40분 강의 - 10분 활동 - 10분 휴식 - 40분 강의 - 10분 활동 - 10분 마무리'와 같은 식으로 구성하는 것이 효과적이죠.

"성인을 대상으로 하는 강의라면 90분 정도는 쉬는 시간 없이 쭉 진행하기도 하거든요. 반응이 좋은 강의의 경우 집중력을 잃지 않기 위해 일부러 이런 선택을 하기도 하고요. 그런데 학교는 확실히 달랐어요. 90분을 쉬지 않고 강의했더니 집중력이 좋지 않았던 아이들이 뒤에서부터 하나둘씩 졸기 시작하더니, 나중에는 앞자리 학생들까지 번지더라고요. 그때 알게 되었어요. 청소년과 성인 강의는 시간 배분을 달리해야 한다는 것을요."

같은 자세, 같은 톤, 같은 방식의 설명이 이어지면 아무리 유익한 내용이라도 집중력이 떨어지기 마련입니다. 작은 변화를 만들어 보세요. 목소리의 크기와 톤에 변화를 주거나 설명하는 위치를 수시로 바꾸는 것도 좋습니다. 때로는 질문을 던지며 갑작스러운 긴장감을 주는 것도 좋은 방법이지요. 쉬는 시간이나 활동 시간에 창문을 열어 환기를 하는 것도 좋습니다. 환기가 잘되지 않는 교실에서 진행한다면 아무리 좋은 강의라도 집중력이 급격히 떨어질 수밖에 없으니까요. 특히, 점심시간 이후에 진행되는 강의라면 더욱 신경 써서 준비해야 합니다. 식곤증에 KO 당하고 마는 학생들을 위해 평소보다 조금 더 높은 톤을 사용하고, 몸을 움직이거나 말을 하는 등 학생들이 참여할 수 있는 활동을 추가하는 것을 추천합니다.

시청각 자료 준비 역시 중요한데, 사진이나 음악, 동영상 등의 자료를 적절히 배치해 호기심을 유발하는 것도 필요합니다. 이미지나 영상은 청소년들의 주의를 집중시키는 데 매우 효과적입니다. 우리 뇌는 문자보다 이미지를 통해 전해지는 정보를 더 빠르게 처리하는데, 청소년에게서 이런 경향이 더욱 두드러집니다. 스마트폰이나 SNS에 익숙한 세대이기 때문이지요. 진로 강의에서 특정 직업을 설명할 때, 관련 현장 사진이나 짧은 인터뷰 영상을 보여주면 학생들의 반응이 확연히 달라집니다. "아, 저런 거구나!"라고 친구들과 속삭이기도 하고, 평소라면 질문하지 않았을 학생들도 손을 들어 궁금한 점을 물어보곤 하지요. 그러나 시각 자료를 사용할 때는 자료가 너무 자주 바뀌는 것, 지나치게 화려한 특수 효과를 사용하는 것은 피하는 것이 좋습니다. 의도와 달리 강의 내용에 집중하기 어려울 수 있으니까요. 2시간 동안 진행하는 강의라면 동영상은 1~2개, 재생 시간은 합쳐서 10분 이내로 사용하는 것을 추천합니다.

좀 더 구체적인 실전 Tip을 알아볼까요?

### ❶ 학생들의 집중을 위한 시선 처리

강의실을 삼등분하여 고르게 시선을 배분하도록 신경을 쓸 필요가 있습니다. 학생들은 생각보다 예민해서 강사의 시선이 자신의 방향에 닿지 않으면 어쩐지 소외된 듯한 느낌을 받을 수 있기 때문입니다. 하지만 동시에 연단에 선 '선생님'에게서 지나친 관심을 받는 것도 딱히 원하는 바는 아니기 때문에 특정 학생과 눈이 마주친다면 너무 길게 눈 맞춤을 이어가지 않는 것이 좋습니다.

"저는 항상 마지막 줄 구석에 앉은 학생을 주목하는 편입니다. 보통 그런 자리에 앉는 학생들은 '나는 어차피 선생님의 관심 밖이니까.'라고 생각하거든요. 그런데 강사가 자신을 봐주고 있다는 것을 느끼면, 의외로 강의에 집중하기 시작하더라고요"

이처럼 시선 처리는 단순히 '골고루 보기'가 아니라 각 학생들이 강의에 참여하고 있다는 소속감을 느끼게 해 주는 중요한 도구입니다. 앞자리에 앉은 학생들은 자연스럽게 강사의 시선을 받게 되므로 오히려 뒷자리나 구석에 앉은 학생들에게 더 신경 쓸 필요가 있겠지요? 특히, 강의 초반 10분 동안의 시선 처리는 이후 2시간 강의의 분위기를 좌우할 만큼 중요합니다.

### ❷ 학생들의 잡담 컨트롤

"거기, 좀 조용히 해 주세요!"와 같은 직접적인 지적은 오히려 역효과를 낼 수 있습니다. 대신 자연스럽게 그 근처로 이동하거나, 질문을 던져 강의에 참여하게 만드는 것이 효과적입니다. 때로 일부러 그 학생 가까이 가서 이야기하면, 학생들이 강사의 존재를 의식하게 되어 자연스럽게 잡담이 줄어들게 됩니다. 잡담하는 학생들을 대하는 방식은 강사의 권위와도 직결되는 문제입니다. 지나치게 강압적으로 대하면 나머지 시간 내내 어색한 분위기가 이어질 수 있고, 반대로 너무 방치하면 다른 학생들의 집중력까지 흐트러뜨릴 수 있죠. 따라서 상황에 맞는 적절한 대처가 필요합니다.

"학생들의 잡담에는 이유가 있어요. 대부분 지루하거나 이해가 안 되거나 혹은 다른 고민거리가 있어서죠. 그래서 저는 쉬는 시간에 살짝 '강의가 어려운가요?', '혹시 물어보고 싶은 게 있어요?' 하고 묻고는 해요. 이런 관심이 다음 시간의 집중력으로 이어지는 경우가 많았습니다."

결국 잡담은 강사가 어떻게 '통제'하느냐의 문제가 아니라 어떻게 '참여'를 끌어내느냐의 문제라고 할 수 있습니다. 강의 내용에 흥미를 느끼고 참여하는 학생은 잡담할 시간이 없기 때문이지요. 그러니 학생들의 잡담이 늘어난다면, 그것은 우리의 강의에 변화가 필요하다는 신호로 받아들이는 것이 현명할 것입니다.

### ❸ 학교급별 맞춤 대화 전략

중학생에게는 "여러분, 우리 함께~해 볼까요?"와 같은 친근한 말투를, 고등학생에게는 "여러분들의 생각은 어떠신가요?"와 같은 존중하는 말투를 쓰는 것이 효과적입니다. 말투 하나에도 학생들의 반응이 확연히 달라지기 때문이죠.

"처음에는 중·고등학생을 따로 구분하지 않고 비슷한 말투를 썼었어요. 나이 차이가 얼마나 난다고 그런 것까지 신경 쓰나 했던 거죠. 하지만 그맘때의 아이들에게 한 살 한 살이 큰 차이란 것을 간과했던 거예요. 중학생들은 어색해 하고, 고등학생들은 '애 취급한다.'고 불편해 하더라고요. 그때부터 학교급별로 말투를 확실히 구분하기 시작했어요."

말투뿐만 아니라 예시 선택에도 신중을 기울여야 합니다. 최신 트렌드를 반영하되, 교육적으로 무리가 없는 것으로 선택해야 하지요. 중학생에게는 게임이나 아이돌 관련 예시가 효과적이지만, 특정 게임의 폭력성이나 선정성이 문제가 될 수 있으니 주의해야 합니다. 고등학생의 경우 입시나 진로와 연관된 예시들이 좋은 반응을 얻을 수 있습니다. 초등학생과 중학생은 구체적 사례나 실물 자료에 더 흥미를 보이는 반면, 고등학생은 추상적인 개념이나 미래와 연계된 이야기에도 충분히 집중하는 경향이 있으니 이 부분도 염두에 두세요. 다만, 강사가 너무 학생들의 문화를 따라 하려 하거나 억지로 유행어를 사용하는 것은 오히려 거부감을 줄 수 있다는 점도 기억해야 합니다.

이처럼 학교급별 맞춤 전략은 단순히 말투나 예시 선택의 문제를 넘어, 교육자로서의 책임감과도 연결됩니다. 우리의 말 한마디, 예시 하나가 학생들의 가치관 형성에 영향을 미칠 수 있다는 것을 항상 유념해야 할 것입니다.

청소년 대상 강의는 분명 쉽지 않은 도전입니다. 때로는 학생들의 차가운 반응에 좌절할 수도 있고, 준비한 내용에 전혀 관심 없는 모습을 보며 얼굴이 화끈해질지도 모릅니다. 그럼에도 불구하고 청소년 대상 강의를 하면서 느끼는 보람을 대신할 수 있는 것은 없습니다. 어쩌면 여러분의 한마디와 한 번의 강의가 어떤 청소년의 인생에 터닝 포인트가 될 수도 있으니까요. 철저하게 준비하고 진정성 있는 태도로 임한다면, 강사는 교사도 학부모도 아닌 제3의 어른으로서 학생들에게 새로운 관점을 보여주고 용기를 북돋울 존재가 될 수 있을 것입니다. 이 얼마나 멋진 일인가요?

# 성인 대상 강의의
# 특징과 맞춤 전략

"첫 강의를 할 때는 정말 긴장되더라고요. 수강생 중에는 강의 주제와 관련해 풍부한 경험을 가진 분들도 계시고, 현장에서 실무를 맡고 있는 분들도 계시니까요. 그래서 더 꼼꼼하게 준비하게 됐죠. 혹시 모를 질문에도 대비하려고 최신 사례들도 더 많이 찾아봤어죠."

일반적으로 강연과 강의 시장에서 가장 큰 비중을 차지하는 것이 바로 성인 대상 강연과 강의입니다. 청소년 대상 강의와 달리 성인 대상 강의는 본인의 필요에 따라 선택하는 경우가 대부분이라 강의에 대한 기대치가 높고, 시간 대비 효율을 중시하며, 자신의 경험을 바탕으로 한 날카로운 질문이 나올 수도 있습니다. 그래서 까다로운 면이 있지요.

성인 대상으로 이루어지는 강의의 특징을 하나씩 살펴볼까요? 앞서 제시했듯 자발적인 선택과 참여가 이루어지는 성인 대상 강의의 경우, 이를 통해 청중이 얻고자 하는 것이 명확합니다. 이 목적의식은 강사에게 긍정적으로도 부정적으로도 작용할 수 있습니다. 강의를 듣는 목적이 뚜렷하므로 집중도와 참여도가 높지만, 강사가 기대했던 바를 충족시켜 주지 못한다면 실망도 그만큼 크게 하기 때문입니다.

시간 대비 효율을 중시하는 것도 중요한 특징 중 하나입니다. 대다수의 성인은 바쁜 일상 속에서 시간을 내어 강의에 참석하기 때문에 자신이 투자한 시간만큼의 가치를 찾고자 합니다. '이 강의가 나에게 어떤 도움이 될까?' 하는 생각으로 강의에 임하는 것이지요. 성인 대상 강의는 이러한 특성을 고려하여 강의 초반에 명확한 방향성을 제시하는 것이 필요합니다. 오늘 무엇을 배우고, 이것이 어떤 도움이 될 것인지를 구체적으로 설명하면, 청중의 기대와 실제 강의 내용 사이의 간극을 최소화할 수 있습니다.

실제 사례와 데이터를 충분히 준비하는 것도 중요합니다. 성인은 단순한 이론이나 원칙보다는 구체적인 사례나 데이터에 더 큰 관심을 보입니다. "이론적인 것은 알겠는데, 현실에서는 어떻게 적용할 수 있을까요?"라는 질문이 자주 나오는 것도 이 때문입니다.

이러한 일반적인 특징 외에도 성인 강의에서 특히 주의 깊게 봐야 할 두 그룹이 있습니다. 바로 '직장인'과 '시니어' 그룹입니다.

### ❶ 직장인 그룹

직장인을 대상으로 하는 강의에서는 실무 적용 가능성이 매우 중요합니다. 그러므로 미리 강연처나 직무에 연관된 예시를 준비하는 것이 좋습니다.

"기업 강의를 나가보면 업종마다 상황이 많이 달라요. 제조업과 서비스업의 고민이 다르고, 대기업과 스타트업의 현실도 다르죠. 그래서 저는 항상 해당 기업의 특성을 미리 파악하고, 그에 맞는 사례들을 준비합니다. 일반적인 사례보다는 그 회사와 비슷한 상황의 사례를 제시했을 때 훨씬 더 집중해서 들으시더라고요."

'업무 효율화'라는 동일한 주제로 강의를 진행하더라도 접근 방식은 달라져야 합니다. 대기업의 경우 부서 간 협업이 많고, 결재 단계가 복잡하며, 정해진 프로세스와 보안 규정이 많으므로 '기존 결재 시스템 안에서 효율을 높이는 방법'을 제시하는 것이 현실적입니다. 반면, 스타트업은 한 사람이 여러 업무를 담당하고, 때때로 우선순위가 바뀌기도 하므로 '업무 프로세스를 만들어 가는 방법'에 초점을 맞추는 것이 효과적입니다.

시간 엄수도 매우 중요합니다. 특히, 업무 시간 중에 이루어지는 강의라면 더욱 그렇습니다. 정시에 시작해서 정시에 끝내는 것, 쉬는 시간을 정확히 지키는 것은 강사의 신뢰도와 직결됩니다. 퇴근 시간이 정해져 있는 직장인들에게 '조금만 더', '한 가지만 더'와 같은 말은 금기어나 다름없습니다.

회사의 정책이나 조직 문화와 충돌하지 않도록 주의하는 것도 필요합니다. 아무리 좋은 제안이라도 회사의 기존 정책과 배치된다면 실행이 어려울 수 있기 때문입니다. 가능하다면 사전에 해당 기업의 특성이나 문화를 파악하는 것이 좋습니다. 예를 들어, 재택근무를 장려하는 회사에서 '대면 소통의 중요성'을 지나치게 강조하거나 획일적인 근무시간 체크를 제안하는 것은 적절하지 않습니다. 반대로 전통적인 대면 문화를 중시하는 회사에서 '온라인 협업 툴 도입'을 단일 해결책으로 제시하는 것도 현실적이지 않습니다.

## ❷ 시니어 그룹

시니어 대상 강의에서는 디지털 기기나 새로운 트렌드를 다룰 때 더욱 세심한 설명이 필요합니다. QR코드 스캔이나 앱 설치 등 젊은 세대에게는 익숙한 것들이 시니어에게는 낯설고 어려울 수 있기 때문입니다.

"시니어 대상 강의에서 흔히 하는 실수는 디지털 네이티브 세대의 기준으로 설명하는 거예요. 예를 들어, '여기에 있는 QR코드 찍은 다음 링크를 확인해 주세요.'처럼 가볍게 넘어가면 안 됩니다. QR코드가 무엇인지, 어떻게 찍는지, 찍은 후에는 어떻게 해야 하는지 하나하나 설명해 드려야 해요. 때로는 직접 도와 드려야 할 때도 있고요."

시각 자료 구성에도 특히 신경 써야 합니다. 청소년 그룹 강의를 준비할 때는 흥미를 끌기 위한 시각 자료 구성이 필요했다면, 시니어 그룹은 가독성을 신경 쓴 자료 구성이 필요합니다. 글씨 크기는 최소 24포인트 이상으로 하고, 폰트 역시 읽기 쉬운 것을 선택해야 합니다. 또한, 한 화면에 너무 많은 정보를 담지 않는 것도 중요합니다.

경험과 연배를 존중하는 화법을 구사하는 것도 필요합니다. 아무리 전문적인 내용이라도 강사가 가르치려 드는 것이 아니라 함께 이야기를 나누는 듯한 태도를 유지하는 것이 중요하지요. 시니어들은 풍부한 인생 경험을 가지고 계시기 때문에, 그분들의 경험을 끌어내어 강의에 활용하는 것도 좋은 방법이 될 수 있습니다.

"한 번은 은퇴를 앞둔 분들을 대상으로 재무 설계 강의를 했는데, 수강생 중 한 분이 자신의 투자 실패담을 들려주셨어요. 그 경험담이 제가 준비한 어떤 예시

보다도 강력한 메시지가 되더라고요. 그때부터 시니어 대상 강의에서는 늘 '여러분 중에 비슷한 경험을 해 본 분이 있으신가요?' 하고 질문하는 습관이 생겼습니다."

시간적 여유도 충분히 두는 것이 좋습니다. 시니어 그룹은 새로운 정보를 습득하고 이해하는 데 젊은 세대보다 시간이 더 필요할 수 있기 때문입니다. 진도를 빠르게 나가는 것보다는 천천히, 그러나 확실하게 이해시키는 것이 중요합니다. 한 번에 많은 내용을 전달하는 것보다는 핵심적인 내용을 선별하여 집중적으로 다루는 것이 효과적이죠.

시니어 대상 강의에서 참여형 활동을 추가한다면, 시니어의 신체적 특성을 고려해야 합니다. 오래 서 있기 어려운 분이나 작은 글씨를 쓰기 힘든 분도 계실수 있으니까요. 활동의 난이도나 방식을 적절히 조절하면서 모든 분이 참여할수 있는 방법을 고민해야 합니다.

이처럼 성인 대상 강의는 청중의 특성을 고려한 접근이 필요합니다. 직장인 그룹에게는 실무 적용 가능성과 시간 효율성이, 시니어 그룹에게는 배려와 존중의 태도가 중요하죠. 하지만 공통적으로 중시하는 것이 있습니다. 바로 존중입니다. 성인 학습자들은 각자의 삶에서 전문가입니다. 그들의 경험과 지식을 인정하고 존중하면서 새로운 정보와 통찰을 더해 주는 것. 그것이 바로 성인 대상강의의 핵심입니다.

# 문화센터 강사 도전하기

문화센터는 고객 유치를 위해 백화점이나 대형 마트 등에서 운영하는 강좌 플랫폼이라고 할 수 있습니다. 사용자들은 줄임말을 써서 보통 '문센'이라고 부르지요. 초보 강사가 도전하기에 상대적으로 문턱이 높지 않기 때문에 가장 먼저 소개해 드리려고 합니다.

일반적으로 문화센터 강좌는 3개월 단위로 운영됩니다.

| 학기 | 봄 | 여름 | 가을 | 겨울 |
|------|------|------|------|------|
| 기간 | 3~5월 | 6~8월 | 9~11월 | 12~2월 |

▲ 문화센터 강좌의 학기 구분 예시

보통 새로운 강좌의 세팅은 한 계절 앞서 준비하는데, 여러분이 만약 이 책을 3월에 보고 문화센터 강사에 지원하게 된다면, 빠르게 강의가 성사되어도 여름 학기(6~8월)에 강의를 시작하게 되는 식입니다.

여기서 잠깐! 문화센터 강의는 타깃에 대한 이해가 필수적으로 선행되어야 합니다. 대부분의 강의는 평일 오전과 낮 시간에 이루어지므로 주부 혹은 은퇴자를 대상으로 진행하는 강의가 아니라면 수강생을 모으기 어려워 폐강으로 이어질 가능성이 높습니다. 따라서 직장인을 대상으로 하는 강의라면 주말과 저녁 시간을 노려야 되겠죠?

문화센터의 강좌는 크게 일회성 특강(원데이 클래스)과 다회차 정기 수업으로 나눌 수 있습니다. 동일한 주제의 강의라도 일회성 특강과 다회차 정기 수업 중 수업 방식을 선택하는 것은 강사의 몫입니다. 평소에 강의 방식을 선택하는 명확한 기준을 마련해 두면 주제에 맞는 형식을 보다 쉽게 결정할 수 있을 것입니다.

### 강의 회차 선택 시 고려할 사항

1. 강의의 내용과 성격
2. 목표하는 교육 효과
3. 강사의 시간 투자 가능 정도
4. 강의실 기자재 활용 가능 여부
5. 지역별/센터별 수강생들의 선호도

이 중 가장 중요한 것은 역시 '강의의 내용과 성격'입니다.

## 일회성 특강에 어울리는 강의

- 최대 2시간 이내에 완료할 수 있는 체험 활동
  - 예 퍼스널 컬러 진단, 간단한 공예품 제작 등
- 계절/시기 관련 일회성 주제
  - 예 크리스마스 리스 만들기, 초등 입학 전 학부모가 알아야 할 10가지 등
- 입문자를 위한 맛보기 강의
  - 예 휴대폰 카메라로 작품 사진 찍기, 와인 라벨 똑똑하게 읽기 등
- 트렌드나 시사 관련 강의
  - 예 올해의 부동산 시장 전망, 학부모를 위한 ChatGPT 등

강사와 수강생이 새로운 것을 시도해 보기에는 일회성 특강(원데이 클래스)이 좋습니다. 강사 입장에서는 90~120분 정도 소요되는 강의를 한 번만 제대로 준비하면 되고, 수강생 역시 매주 시간을 내야 하는 것이 아니기 때문에 가벼운 마음으로 수강해 볼 수 있기 때문입니다.

일회성 특강의 강사료는 일반적으로 20~50만 원 정도로 책정되어 있습니다. 일회성 특강을 개설하는 경우, 센터에서 강사비를 부담하는 경우도 많기 때문에 수강생은 무료로 강의를 들어 볼 수 있는 경우도 있고, 만 원 내외의 참가비 정도만 지불하면 되는 경우도 있어 경제적인 부담이 적습니다. 강사 역시 수강료 책정 등으로 머리 아플 일이 줄어드니 서로 윈-윈인 셈입니다.

또한, 백화점과 대형 마트는 전국에 지점을 가지고 있어서 강사가 출강 가능한 지점과 날짜를 미리 확인하고 일정을 조율할 수도 있습니다. 즉, 수강생들에게는 일회성 강의지만 강사 입장에서는 같은 교안으로 여러 번 강의를 진행할 수 있으므로 조율이 잘 이루어진다면 정기 강의 못지않게 안정적인 수업 운영과 수입 확보가 가능합니다.

다회차 정기 수업에 대해서도 한번 이야기해 볼까요?

## 다회차 정기 수업에 어울리는 강의

- 단계별 학습이 필요한 분야
  - 예 외국어, 키즈 발레, 자격 과정 등
- 꾸준한 연습이 필요한 분야
  - 예 요가, 서예, 필라테스 등
- 이론과 실습의 균형이 필요한 분야
  - 예 영상 편집, 사진 기술 등
- 체계적인 과정 및 습득이 필요한 분야
  - 예 드로잉, 요리, 악기 연주 등

계절마다 학기가 변하는 문화센터의 특성상, 정기 수업은 일반적으로 8~12회차(주 1회 기준)로 구성됩니다. 3달 동안 매주 진행되기 때문에 수강생들의 실력이 어떻게 변하는지 추적하고 관찰할 수 있고, 커리큘럼을 체계적으로 운영할 수 있다는 장점이 있습니다. 다만, 정기 수업은 일회성 강의와 달리 센터가 강사비를 부담하지는 않습니다. 따라서 강사가 직접 수강료 및 재료비를 책정하고 수강 인원도 결정해야 합니다. 그리고 센터의 수수료가 일반적으로 40~60% 정도이므로 미리 수수료를 조율하는 등 상대적으로 고려해야 할 부분이 많습니다.

<보태니컬 아트>

- 수업 회차: 12회(주 1회)
- 수강 인원: 12명
- 수강료: 100,000원
- 재료 별도 준비

\* 센터 수수료 50%

앞서 제시한 '보태니컬 아트' 수업을 하는 강사는 센터 수수료를 제외한 후 회차 당 5만 원의 수강료를 받게 됩니다.

너무 적다고요? 그래서 대부분의 센터에서는 수강생들의 반응과 수요를 고려하여 한 강사가 여러 반을 개설할 수 있도록 도움을 주기도 합니다. 동일한 수업을 오전과 오후 두 타임 개설하거나 초급반, 중급반, 고급반으로 단계를 나누어 진행하기도 하지요. 또, 여러 지점의 문화센터에서 같은 수업을 개설하는 것도 가능합니다. 일반적으로 문화센터 강의는 기관 강의에 비해 요구 조건이 까다롭지 않기 때문에 초보 강사님들이라면 한 번쯤 꼭 도전해 보는 것을 추천합니다.

## ○ 이마트 문화센터 강사 지원[9]

　– 주요 경력, 강의 경력, 강의 계획서 필요

9)　사이트 주소: https://www.cultureclub.emart.com/recruit/instructor

## ○ 홈플러스 문화센터 강사 지원[10]

- 이력서, 강의 계획서 필요

## ○ 롯데마트 문화센터 강사 지원[11]

- 주요 경력, 강의 계획서 필요

10) 사이트 주소: https://school.homeplus.co.kr/TeacherApp/Home.aspx
11) 사이트 주소: https://culture.lottemart.com/cu/applyLecturer/index.do

# 공공기관 강사 도전하기

'공공'이라는 말이 주는 신뢰감과 무게감 때문인지 공공기관에서 강의하는 것은 문화센터에서 강의를 시작하는 것보다 어려울 것 같다고 답하는 예비 강사님들이 많습니다.

백화점이나 대형마트에서 운영하는 문화센터는 심리적 거리감이 가깝지만, 공공기관은 그렇지 않다는 것도 이유 중 하나일 것입니다. 게다가 공공기관은 명사 초청 강의도 많이 진행하기 때문에 시작도 하기 전에 주눅이 드는 경우도 허다하지요. 하지만 우리가 잘 몰랐을 뿐 공공기관 강의는 규모와 종류, 원하는 강의 주제 등이 다양하기 때문에 걱정했던 것과 달리 생각보다 쉽게 연결될 때도 많습니다.

먼저 강의가 필요한 공공기관을 한번 살펴볼까요? 시청, 구청, 행정복지센터, 청소년시설, 여성인력개발원, 청년지원센터, 시니어복지센터, 평생배움터 등 다음에 따로 이야기할 도서관을 제외하고도 정기적으로 강사를 모집하고 강연을 기획하는 기관은 상당히 많습니다.

문화센터 등의 사설 강의에 비해 공공기관의 강의는 추후 경력 증명과 관리에 도움이 될 수 있습니다. 강사의 전문성과 신뢰성을 강화하는 경력으로 작용할 수 있기 때문입니다. 따라서 공공기관은 예비 강사들이 꼭 도전해 볼 만한 강연처입니다.

다만, 공공기관 강의는 문화센터에 비해 준비해야 하는 서류가 많은 편입니다. 강의 계획서와 이력서(강사 관리 카드)는 필수적인 요소이며, 그 외에도 통장 사본과 신분증 사본, 행정정보 공동이용 사전동의서, 성범죄 경력 조회 동의서, 거래처 정보수집 동의서, 강사 소개, 프로필 사진, 강의 교안 등을 요구하기도 합니다. 물론, 강연처마다 요구하는 서류는 조금씩 다르지만 위의 내용은 미리 준비해 두는 것이 좋습니다. 성범죄 경력 및 아동학대관련범죄 전력조회 동의서는 미성년자를 대상으로 진행하는 강의에서 필수적으로 요청하는 것이니, 기분이 상할 필요는 없습니다.

1. 강사 관리 카드(양식1 참조)
2. 강의 및 강사 안내글 3~4줄(양식2 참조)
3. 프로필 사진
4. 강의 원고(강의 전날까지)
   ❶ 첨부된 원고 작성 방법을 참조하여 형식에 맞도록 작성해 주십시오.
   ❷ 원고료는 시간당 A4 용지 5면을 기준으로 하며, 이미 본원에서 강의된 내용과 동일한 원고에 대하여는 시간당 1매 분량 이상 보완되어야 원고료를 지급합니다.
   ❸ PPT 자료를 제출할 수 있습니다. 시간당 10개 슬라이드입니다.
   ❹ 원고 작성 시 저작권법 등에 저촉되지 않도록 신중을 기해 주시기 바랍니다.

▲ A 기관의 강사 제출 서류 안내 예시

1. 강사 계약서
2. 강사 관리 카드 양식
3. 거래처 정보수집 동의서
4. 성범죄 경력 및 아동학대관련범죄 전력조회 동의서
5. 행정정보 공동이용 동의서(교원외용)

▲ B 학교의 강사 제출 서류 안내 예시

1. 강의 전 준비사항
❶ 강의 이력서 및 강의 계획서
  ▶ 강의 이력서는 그간 강의하셨던 강의 이력이 있으시다면 강의 이력을 적어 이메일 주
    시면 감사하겠습니다.
    ⓔ 2023년 ○○ 도서관 ~~강의, 2024년 □□ 업체 ~~강의
❷ 개인정보 수집 동의서 및 성범죄 전력 조회 실시 동의서
  ▶ 도서관은 아동 · 청소년 법에 의거하여 채용되는 인력에 대해 성범죄 전력 조회를 실시
    합니다.
  ▶ 전력 조회에 필요한 주민등록번호 제공에 동의해 주셔야 하며, 이에 따라 주민번호 기
    재가 필요합니다. (첨부파일 참고) 양식 출력 후 자필 서명 후 스캔해서 보내주세요.

▲ C 도서관의 강사 제출 서류 안내 예시

문화센터와 공공기관의 차이는 하나 더 있습니다. 바로 '원고료'입니다. 모든 기관이 일률적으로 원고료를 지급하는 것은 아니지만, 공공기관은 사기업에 비해 상대적으로 적은 강사료를 보완하기 위해 원고료나 교통비를 따로 지급하기도 합니다. 이 경우 강의에 사용할 PPT 교안이 100페이지라고 해서 100페이지의 원고에 대한 비용을 지급하는 것은 아닙니다. 내부적으로 인정 가능한 원고 분량이 정해져 있습니다. 이 내부 기준에 따라 원고료를 지급하지요.

공공기관의 일회성 특강료는 일반적으로 30~50만 원 선이지만, 강사의 인지도나 강의 규모에 따라 강사료 조정이 가능합니다. 다만, 기관의 일회성 특강 및 강연은 공고를 통해 강사를 모집하는 경우보다 강사의 SNS 등을 통해 섭외가 오는 경우가 많습니다. 그러니 블로그 등에 자신을 드러내는 것을 주저하지 않아야겠지요?

"그렇지만 저는 SNS의 영향력이 크지 않은 초보 강사예요. 문화센터 강의처럼 공공기관에 스스로 등록하고 알리는 방법은 없을까요?"

물론 이것도 가능합니다. 가장 손쉬운 방법은 지역의 '강사은행제'를 활용하는 것입니다. 전국 대부분의 지역은 '강사은행'이라는 제도를 마련하여 평생학습기관 등에 지역 강사 인재풀을 공유합니다. 이는 강사를 필요로 하는 기관과 강사를 연계하는 허브의 역할을 하는 관리 시스템이라고 할 수 있습니다. 또한, 강사들은 이를 통해 전문적인 연수 서비스 등을 제공받아 자신의 역량을 강화할 수도 있습니다.

그러나 지역마다 '강사은행제'를 부르는 이름이 모두 다르므로 해당 지역 구청이나 시청의 홈페이지를 통해 정확한 명칭과 강사 등록 방법을 확인하는 것을 추천합니다.

**강사은행 운영체계**

강사

강사등록 →

← 교육,연수

연수구 평생교육센터
강사은행

강사의뢰 및 검색 →

← 강사정보제공

평생교육기관

은행에서 온라인으로
본인의 능력을 홍보하세요

DB에 구축된 자료를 바탕으로
원하시는 프로그램분야의
강사를 찾아 채용하세요

**강사등록 안내**

- 등록기간 : 연중수시
- 등록대상 : 지역사회 평생교육기관에서 활동하고자 하는 해당분야의 전문성을 갖춘 자
- 등록절차

STEP 1
강사정보입력

STEP 2
강사인증 심의

STEP 3
인증승인 및 강사은행 등록

▲ D 구청의 강사은행 운영체계와 등록 절차

# 강의 도전을 위한 선배들의 실전 Tip

| | |
|---|---|
| 1 | **천 리 길도 한 걸음부터!**<br>▶ 우리 지역의 작은 기관부터 시작해 보세요.<br>▶ 수강생 후기를 미리 확보해 두는 것도 중요해요.<br>▶ 소규모 강의로 실전 경험을 쌓으며 나만의 강의를 발전시켜 보세요. |
| 2 | **분기별로 강의를 계획하라!**<br>▶ 공공기관은 보통 분기별로 강좌를 편성합니다.<br>▶ 성수기(3월, 9월)는 집중적으로 공략해야 합니다.<br>▶ 적어도 2~3개월 전부터 강의 계획서를 준비해야 합니다. |
| 3 | **수업 자료는 꼼꼼히 관리하라!**<br>▶ 원고료 청구용 강의 자료는 누락되지 않도록 준비해야 합니다.<br>▶ PPT 원고는 텍스트 파일이 아니라 그림 파일로 저장해야 합니다.<br>▶ 저작권 문제는 조심, 또 조심해야 합니다. |

# 도서관 강사 도전하기

도서관 강의의 주제는 문화센터나 공공기관에 비해 상대적으로 한정적입니다. 최근에는 도서관에서도 다양한 강의와 강연을 주최하며 지역 주민들의 다양한 니즈를 맞추기 위해 노력하고 있으나, 그럼에도 불구하고 도서관이라는 장소의 특성으로 인해 주로 인문학 관련 주제가 각광받지요.

도서관에서 늘 인기가 많은 강의를 세 가지로 구분하면 다음과 같습니다.

> 1. **독서 관련 프로그램:** 독서 토론, 글쓰기, 북 큐레이션, 독서 치료 등
> 2. **인문학 프로그램:** 고전 읽기, 인문교양 강의, 문학, 철학, 역사 등
> 3. **생활문화 프로그램:** 그림책 만들기, 인문학 연계 창작 활동 등

자신의 전문 분야가 위의 세 가지 분야와 관련이 없더라도 책과 연계하여 프로그램을 기획한다면 강의가 채택될 가능성은 높아집니다. 예를 들어, 미술 강사라면 '명화 속 이야기와 함께하는 드로잉'이라는 주제로 시기별로 미술이 어떻게 발전해 왔는지 도서를 활용해 강의를 구성하는 것입니다. 결국 자신의 전문성을 책이나 인문학과 연결할 수 있는 기획력이 중요하다는 것이지요.

강의를 기획할 때 가장 중요한 것은 수강생과 강의처의 니즈를 함께 고려하는 것입니다. 많은 초보 강사들이 '강의처의 니즈'를 미처 생각하지 못하는 경향이 있습니다. 수강생들이 좋아할 만한 강의라도 '도서관'이라는 장소의 특성을 반영하지 못한다면 애초에 청중들 앞에 설 기회를 얻을 수 없는데도 말입니다.

그렇다면 도서관 측의 니즈에 부합하는 강의는 어떤 것일까요?

먼저, 도서관의 기본 목적에 부합하는 강의를 들을 수 있습니다.
지역 주민들이 책을 가까이할 수 있도록 권장하는 '독서 습관 형성', '에세이 쓰기'와 같은 독서 진흥 프로그램과 도서관의 다양한 자료를 활용할 수 있는 '미디어 리터러시', '스마트 기기 활용 교육'과 같은 정보 활용 강좌가 이에 부합하지요.

지역 사회의 요구에 따른 니즈도 있을 것입니다.
청소년을 위한 진로 탐색이나 학습 지원 프로그램, 성인을 위한 취미 및 인문교양 프로그램 같은 생애 주기별 강좌가 이에 해당합니다.

사회적인 이슈에 대응하기 위한 강좌도 마찬가지로 지역 사회를 선도할 만한 강의 주제가 될 수 있습니다. 최근 ChatGPT의 등장으로 인해 AI와 관련한 강좌가 늘어난 것, 환경 및 기후 문제가 심각해지면서 환경 오염 및 기후 이변에 대한 특강 반응이 폭발적으로 증가한 것처럼 말입니다.

시기에 따른 니즈도 존재합니다.
봄이면 많은 도서관에서 독서 습관 형성 프로그램을 진행하고, 여름과 겨울에는 방학을 맞은 학생들을 대상으로 방학 특강 등을 대거 신설하지요. 가을은 독서의 계절이므로 각종 문화예술 프로그램에 대한 수요도 높아집니다. 인문학

강좌나 작가와의 만남 같은 행사는 특히 각 도서관에서 심혈을 기울여 준비하는 행사이므로 이 시기가 다가온다면 강의 계획서를 새로 손보는 것도 좋습니다.

만약 저서가 있는 강사님이라면 도서관, 작가, 출판사, 서점이 만든 독서 문화 플랫폼인 '책씨앗[12]'에 프로그램 등록을 하는 것을 추천합니다.

○○ 도서관: 만나고 싶은 작가의 강연이 가능한지, 도서관 행사를 지원해 줄 수 있는지 출판사에 일일이 문의하는 것이 번거로워요.
□□ 작 가: 더 많은 독자를 직접 만나 책을 통해 하고 싶었던 이야기를 더 자세하게 들려줄 수 있는 자리가 있으면 좋겠어요.
△△ 출판사: 우리 출판사의 좋은 책들을 더 널리 알리고 싶은데 좋은 방법이 없을까요?

책씨앗은 작가, 도서관, 독자, 서점 등의 니즈를 반영하여 작가와 도서관 사이의 가교 역할을 톡톡히 하고 있습니다. 작가가 자신의 책과 관련한 강의 프로그램을 직접 사이트에 등록할 수도 있고, 출판사를 통해 등록할 수도 있습니다. 이후 프로그램을 확인한 전국의 도서관 관계자들이 플랫폼을 통해 연락하면, 이를 바탕으로 강의가 성사됩니다. 프로그램을 등록할 때는 작가 소개, 강의료, 분야, 주제 도서, 강연 가능 지역 등을 기재해야 합니다.

---

12) 사이트 주소: https://www.bookseed.kr

▲ 책씨앗의 강의 프로그램 등록 폼

강의 등록 후, 도서관 측에서 문의할 때는 요청 기관명, 예산 총액(강의료), 희망 일시, 수강 대상자 정보를 입력하므로 강사 입장에서는 '내가 할 수 있는 강의'인지 보다 쉽게 파악할 수 있겠지요? 단, 저서 1권당 프로그램은 1개만 등록할 수 있으며, 저서는 ISBN이 있는 출판물과 전자책에 한정됩니다.

| 프로그램명 | 신청자명 | 기관명 | 예산 총액 | 1차 희망일 | 2차 희망일 | 참석 인원 | 강연 대상 |
|---|---|---|---|---|---|---|---|
| 웹소설 데뷔 A to Z | ○○○ | D 도서관 | 35만원 | 2025-00-00, 15시 | 2025-00-00, 15시 | 20~30 | 특성화고 재학생 |
| ChatGPT | □□□ | E 도서관 | 65만원 | 2024-00-00, 13시 | 2024-00-00, 13시 | 20~30 | 자녀의 진로에 관심이 있는 학부모 |

▲ 책씨앗에 등록된 강의 문의 예시

# 셀프 강연 도전하기

강연처의 선택을 기다리는 동안 강의 경력을 쌓거나, 강연처에서 원하는 강연 대신 자신이 하고 싶었던 주제의 강연을 하기 위해 온라인에서 스스로 강연을 개설하는 방법도 있습니다.

코로나19를 계기로 강연(강의) 업계는 온라인 수업이 매우 익숙해진 상태입니다. 심지어 기관이나 기업들도 시공간의 제약을 피하기 위해 일부러 온라인 수업을 계획하기도 할 정도지요. 수많은 온라인 강연 플랫폼에서는 지금 이 시간에도 수많은 강연과 강의가 진행되고 있습니다.

물론 단점도 존재합니다. 많이 개선되었다고는 해도 여전히 온라인 강연(강의)은 돌발 상황(인터넷 끊김, 기기 고장 등)에 대처하기 어렵고, 고정된 카메라 앵글로 인해 비언어적 소통이 제한적입니다. 또한, 수강생들의 반응을 실시간으로 파악하기 어려워 강의 분위기 조성에 한계가 있으며, 현장감이 부족하다는 점 역시 단점이지요.

이러한 단점에도 불구하고 많은 강사님들이 온라인 강의를 병행하는 이유는 모든 단점을 상쇄할 만큼 장점이 크기 때문입니다. 온라인 강의는 시공간의 제한을 받지 않아 전국 어디서나 수강생을 모집할 수 있습니다. 따라서 인터넷을 기반으로 수강생을 모집하는 것이 유리한 분야라면 오히려 지속적인 강의 스케줄을 잡는 것이 가능합니다. 그러므로 이는 지방에 거주하거나 육아 또는 본업 때문에 시공간에 제약을 받고 있는 강사님들에게 유리하지요. 인터넷 공간이라는 익명성으로 인해 수강생들의 강의 참여에 대한 허들이 낮아지는 것도 장점입니다.

실제로 어느 웹소설 강사님은 이렇게 이야기했습니다.

"만약 오프라인으로만 웹소설 작법 강의를 진행하기를 고집했다면 이렇게 꾸준히 하지 못했을 거예요. 제가 사는 지역은 수도권에서 멀리 떨어져 있어 어지간한 취미 강좌는 모집 자체가 어렵거든요. 또, 온라인 강의에서는 참여자들의 질문도 활발해져요. 직접 목소리를 내어 강사에게 질문하는 것은 어려워도 채팅을 이용하는 것은 큰 결심이 필요 없는 일이거든요."

대표적인 온라인 강의 플랫폼에 대해 알아볼까요?

## ○ 클래스101 [13]

클래스101은 취미부터 창업·부업, 커리어, 어학, 재테크 등 5,300여 개의 온라인 강의를 들을 수 있는 플랫폼입니다. 강의를 개설하는 방식은 클래스101의 제작 PD로부터 제안을 받아 강의를 론칭하는 방식과 크리에이터 센터를 통해

........................................................................................

13)  사이트 주소: https://class101.net

개설하고자 하는 클래스에 대한 검토를 요청하는 방식이 있습니다. 어떤 클래스를 열고자 하는지 사전 신청 폼을 작성하면, 검토 후 클래스 오픈이 가능할 경우 개별적으로 연락하여 다음 과정을 진행하게 됩니다.

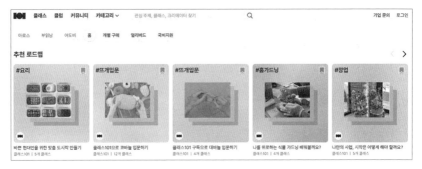

▲ 클래스101에 개설된 강의 예시

사전 신청 폼을 작성할 때는 개설하고자 하는 수업의 형태(VOD, 라이브, 오프라인, 전자책)와 주제를 기입합니다. 만약 다른 플랫폼에서 강의해 본 경험이 있다면 해당 강의의 링크 등을 함께 기재해야 합니다.

진입 장벽이 높지만 일단 강의 개설이 결정되면 전문 MD와 PD가 매칭되어 촬영이나 편집 등 온라인 강의 제작에 필요한 도움을 받을 수 있습니다. 또한, 클래스101의 SNS와 카카오톡 등 다양한 채널을 통해 강의 홍보에 대한 도움까지 받을 수 있지요. 하지만 클래스101 측에서 지원받는 수준에 따라 플랫폼 사용 수수료율이 달라진다는 점도 함께 기억해 주세요.

## ○ 탈잉[14]

탈잉은 누구나 강사가 되어 자신의 취미와 재능을 공유하는 온·오프라인 교육 플랫폼입니다. 취미 영역부터 직무 영역까지 약 8,000개가 넘는 수업을 개설해 서비스를 제공하고 있습니다. 탈잉에서 강사로 활동하기 위해서는 우선 '탈잉 스튜디오'를 통해서 탈잉 튜터(강사)로 등록하고, 개설하고자 하는 클래스(강의)를 등록해야 합니다.

▲ 탈잉에 개설된 강의 예시

클래스101과 마찬가지로 강의 심사 절차가 있지만 '이력 증빙 자료가 정확한가?', '섬네일에 사용한 이미지의 초상권에 문제가 없는가?', '홍보 문구가 과도하지는 않은가?'와 같은 측면을 확인하므로 상대적으로 진입 장벽이 높지는 않습니다. 승인 요청 후 결과가 나오고 수업이 오픈되면 수강생을 모집할 수 있습니다.

입점비, 심사비, 가입비와 같은 고정 비용은 없으나 강의 1건이 진행될 때 중개 위탁 수수료는 다음과 같이 발생합니다. 중개 위탁 수수료에는 마케팅 비용과

---

14) 사이트 주소: https://www.taling.me

카드사 수수료 및 플랫폼 유지 비용 등이 포함되어 있습니다.

| | 원데이<br>(온·오프라인) | 다회차<br>(온·오프라인) | 전자책 | VOD B2C | VOD B2B |
|---|---|---|---|---|---|
| 중개 위탁<br>수수료 | 15% | 14% | 20% | 20% | 50% |

▲ 탈잉의 중개 위탁 수수료율

이 외에도 클래스유[15], 라이브클래스[16], 꾸그[17] 등의 플랫폼에서 자신만의 온라인 클래스를 개설하여 운영할 수 있습니다. 플랫폼마다 제작 및 홍보 방식, 수수료율 등이 모두 다르므로 플랫폼을 비교·분석해 자신에게 적합한 곳을 찾아보세요.

"그런데 온라인 강의를 하려면 꼭 강의 플랫폼에서 시작해야 하나요? 수수료가 아깝기도 하고, 강의 플랫폼과 계약하기도 번거로워서요. 우선 일회성 라이브 강의로 먼저 시작하는 게 부담이 적을 것 같은데요."

맞습니다. 이제 막 강의를 시작하려는 초심자이거나, 여러 이유로 강의 플랫폼의 도움이 필요하지 않다고 판단될 때에는 줌(ZOOM)[18]과 같은 통합 커뮤니케이션 서비스 플랫폼을 사용해 온라인 강의를 개설하고 운영할 수도 있습니다.

15) 사이트 주소: https://www.classu.co.kr
16) 사이트 주소: https://www.liveklass.com
17) 사이트 주소: https://www.gguge.com
18) 사이트 주소: https://www.zoom.com/ko

줌 등을 이용해 직접 강의를 운영할 때의 장점은 프로그램 월 구독료를 제외하고는 별다른 비용이 들지 않는다는 점입니다. 하지만 홍보에 플랫폼의 도움을 받을 수 없으므로 SNS 등을 통해 수강생을 모집해야 하겠지요? 또한, 유료 강의의 경우에는 결제 시스템도 따로 구축해야 하는 번거로움도 존재합니다. 신청자 모집 폼을 만드는 것도 필요한 일이지요. 특히, 신청자 사전 모집 형식을 만드는 것은 수강생 관리 차원에서도 매우 중요한 일입니다. 일반적으로 온라인 양식 제작 도구인 구글 폼(Google Forms)을 이용해 설문지를 만들고 연락처, 이메일 등을 수집하여 강의 전 다시 한번 안내하는 경우가 많습니다. 줌 프로그램을 사용해서 라이브로 송출하며 강의하기도 하지만, 강의를 저장하여 VOD 파일을 제공하는 방법도 존재하니 참고하시기 바랍니다.

어떤 플랫폼과 프로그램을 사용해 온라인 강의를 진행할 것인지 결정했다면, 다음은 강의 방식에 대한 고민할 차례입니다.

온라인 강의는 일반적인 오프라인 강의처럼 일대다수의 형식으로 실시간 라이브 송출도 많이 하지만, 온라인만의 장점을 활용해서 일대다수 강의와 코칭 강의를 섞기도 하고, 라이브 강의 이후 VOD 서비스를 제공하거나, 추후 과제를 추가하여 A/S 관리 프로그램을 만들기도 합니다.

이 중에서도 특히, 강의 녹화본 및 편집본을 제작하여 VOD 서비스를 제공하는 경우는 생업 등으로 강연 시간에 참가하지 못해 아쉬움이 남았던 수강 희망자들의 큰 호응을 얻기도 합니다. 또, 강의를 듣고 만족한 수강생들이 VOD 서비스를 추가로 결제한다면 매출 증대를 꾀할 수도 있지요.

물론 VOD 서비스는 강사에게 꽤 부담스러운 일이기도 합니다. 나의 강의 녹화본이 무제한으로 풀린다는 것은 단순히 강의를 잘했느냐 못했느냐의 문제를 넘어 강의 자료의 보안 문제 등 신경 쓸 것이 많습니다. 혹시나 했을지도 모르는 말실수 등에 대한 불안감은 강사를 위축시키기도 하지요. 그래서 몇몇 강사들은 VOD 파일 자체를 발송하는 대신 유튜브나 강의 플랫폼의 기능을 활용하여 일정 기간만 '강의 돌려보기 서비스'를 제공하기도 합니다.

다음으로 고려해야 할 것은 온라인 강의를 위한 기술적인 준비입니다. 거창하게 스튜디오를 대여하거나 최고급의 장비를 갖출 필요는 없습니다. 처음에는 꼭 필요한 기기만 갖추고 시작한 후 차츰 업그레이드하는 방향을 추천합니다.

### 초보 강사님들을 위한 기본 세팅

#### 1. 필수 장비
❶ 마이크: 3만 원대 핀 마이크도 충분해요. 에코 현상이 적고 목소리가 깔끔하게 잡히는 것이 중요합니다.

❷ 조명: 자연광이나 스탠드 조명으로 시작하는 것도 나쁘지 않지만, 화면이 어두울 수 있어요. 조명을 꼭 사야 한다면 2~3만 원대에 구매할 수 있는 링 조명을 검색해 보세요.

❸ 카메라: 노트북에 내장된 카메라는 권장하지 않습니다. 각도 조절이 어려워서 강사의 모습이 화면에 적절하게 들어오지 않을 수 있어요. 가능하다면 별도의 웹캠을 구매하는 것을 추천합니다.

#### 2. 강의 공간
❶ 배경: 깔끔한 벽면이나 책장 정도면 충분합니다. 공간이 마땅치 않고, 줌 프로그램을 이용한다면 원하는 사진으로 배경을 합성하는 기능도 있으니 활용해 보세요.

❷ 소음 관리: 방음까지는 필요하지 않습니다. 기본적인 생활 소음 정도만 차단된다면, 적당한 가격대의 마이크로도 무리 없이 강의가 가능합니다.

### 3. 네트워크 환경

❶ 무선(와이파이) 환경은 권장하지 않습니다. 여건이 허락한다면 유선 인터넷을 사용하되, 여의치 않다면 부운영자 등이 강의에 참여하도록 하여 만일의 사태에 대비하세요.

❷ 패스트닷컴[19] 등의 사이트를 통해 강의 전에 인터넷 속도를 체크하는 방법도 있습니다.

❸ 인터넷 속도 체크 방법
  ▸ 실제 강의할 시간대에 테스트를 진행해 네트워크 환경을 점검해 보세요.
  ▸ 최근에는 대부분의 가정에서 100Mbps 이상의 속도를 제공받고 있어 속도 자체는 큰 문제가 되지 않지만, 속도가 평소보다 현저히 낮게 나온다면(30Mbps 이하) 인터넷 회선이나 공유기에 문제가 있을 수 있으니 점검이 필요합니다.
  ▸ 무선 연결 시에는 공유기와의 거리가 멀수록 속도가 급격히 떨어질 수 있으니 공유기의 위치를 확인해 주세요.

강의 콘텐츠도 준비하고 장비도 세팅했다면 이제 가장 중요한 일이 남았습니다. 바로 수강생 모집입니다. 아무리 훌륭한 콘텐츠와 강의 실력을 갖추고 있더라도 수강생이 없다면 아무 소용이 없겠죠?

그렇다면 온라인에서는 어떻게 수강생을 모집할 수 있을까요? 가장 효과적인 방법은 SNS를 활용하는 것입니다. 특히, 인스타그램과 블로그는 강의 홍보에 매우 효과적인 채널입니다.

인스타그램에서는 타깃 광고를 활용해 수강 대상에게 강의를 노출할 수 있습니다. 예를 들어, 직장인 대상 재테크 강의라면 25~45세 연령대를, 취미 클래스라면 관심사를 기반으로 타기팅하는 방식입니다. 광고 노출 지역은 온라인 강의의 장점을 살려 전국으로 설정하는 것이 좋습니다. 만약 특정 성별을 대상으로 하는 강의거나 여초 혹은 남초 그룹에 알맞은 강의라면 노출 성별을 지정할

---

19) 사이트 주소: https://fast.com/ko

수도 있습니다.

해시태그 전략도 중요합니다. '#온라인강의', '#원데이클래스'와 같은 대중적인 태그와 함께 '#가죽공예'나 '#레더크래프트'처럼 구체적인 태그를 섞어 사용해 보세요. 스토리를 통해 강의 준비 과정을 공유하고, 수강생들의 후기를 하이라이트로 저장해 두는 것도 효과적입니다.

블로그는 인스타그램과 달리 사진보다 글이 주가 되므로 좀 더 깊이 있는 홍보가 가능한 공간입니다. 강의 내용 중 일부를 미리보기로 제공하고(목차, 강의 교안 일부 등), 수강생들의 후기를 스크랩하도록 유도해 보세요. 후기 작성 시 다음 강의 할인권이나 특별 자료를 제공하는 것도 좋은 방법입니다.

강의를 소개할 때는 구체적인 문구를 사용해야 합니다.
'실무에 바로 적용할 수 있는 ○○ 노하우', '3년 경력 현직 ○○이 알려주는 실전 Tip'처럼 말이지요. 막연한 홍보 문구보다는 문제 해결 중심의 카피가 더 효과적입니다. 예를 들어, '엑셀 실무, 더 이상 고민하지 마세요.', '매출 고민 끝! 인스타그램 마케팅 전략'과 같이 구체적으로 작성하는 것이 좋습니다.

온라인 강의의 가장 큰 장점은 바로 시작이 쉽다는 것입니다. 작은 공간에서 기본적인 장비만 갖추고도 시작할 수 있지요. 또한, 온라인 강의는 시작이 반입니다. 완벽하게 준비를 마친 뒤에 첫발을 떼려다가는 시작조차 하지 못할 수도 있습니다. 소수의 수강생을 대상으로 우선 강의를 시작하고, 수강생들의 피드백을 받아 하나씩 보완하고 발전시켜 나가면 됩니다.

강연처의 선택을 기다리는 동안 실전 경험을 쌓길 원하거나 강연처에서 원하는 강연이 아니라 자신이 꿈꾸던 강연을 해 보고 싶다면, 이제 온라인으로 시작해 보세요.

여러분의 첫 온라인 강연을 응원합니다!

# 작가로서의 삶을 살다
# 강의로 전문 영역을 넓힌 선배님

이지니 작가 @hyejin1763
생각숲 문해력 교실 운영자
저서: 『무명작가지만 글쓰기로 먹고삽니다』, 『말 안 하면 노는 줄 알아요』, 『에세이
　　글쓰기 수업』 등

**Q. 간단한 소개를 부탁드립니다.**

**A.** 서른 중반에 '반드시 가야 할 길'로 여긴 글쓰기의 길을 만나 지금까지도 쉼 없이 앞으로 나아가고 있는 이지니입니다. 예전에는 한 가지 일에 2년 이상 집중하지 못했는데, 지금은 글쓰기가 제 삶의 일부가 되었네요. 낮에는 회사에서 일하고, 밤에는 집에서 글을 쓰며 지내다가 아이가 생긴 이후부터는 프리랜서 작가의 길을 걷게 됐습니다. 집에서는 만 3세, 만 1세 두 아이를 돌보며 분주한 시간을 보내지만, 틈틈이 책을 읽고 글을 쓰며 나만의 세계를 채워 나가고 있죠. 현재는 전국 도서관과 학교에서 '글쓰기 및 책 쓰기 강의', '동기부여 강연'을 진행하고 있어요.

**Q. 강의를 시작하게 된 계기는 무엇인가요?**

**A.** 2017년 3월, 첫 종이책 『꽂히는 글쓰기의 잔기술』이 출간되면서 한 온라인 교육 회사로부터 글쓰기 강의 요청을 받았습니다. 그러나 '무대 공포증이 있는 내가, 많은 사람 앞에 설 수 있을까?', '내가 강의할 수 있을까?' 하는 두려움에 사로잡혀 결국 거절했습니다. 그 후 3년이 지난 여름, 마음속 두려움이 서서히 사라질 때쯤 인천의 한 도서관에서 강의 요청을 받았습니다. 그리고 결심했습니

다. '이 일을 내게 제안한 것은 내가 할 수 있는 일이기 때문일 거야. 글쓰기로 얻은 경험과 지식을 더 많은 사람과 나눠보자.' 하고 말이지요. 그렇게 첫 강의가 시작됐습니다. 두려움에서 한 발짝 나아가기로 한 그 선택은 지금까지도 큰 의미로 남아 있어요.

**Q. 작가로서의 경험이 강의 콘텐츠를 구성할 때 도움을 되었나요?**

**A.** 작가로서의 경험은 강의 콘텐츠를 구성할 때 아주 큰 도움이 되었습니다. 특히, 글을 쓰면서 부딪힌 수많은 난관과 해결 방법을 그대로 녹여낼 수 있었습니다. 수강생들이 글쓰기 과정에서 느끼는 좌절감이나 막막함은 제가 책을 집필할 때 겪었던 감정이기도 하거든요. 예를 들어, 초보 작가들이 흔히 마주하는 '첫 문장에 대한 두려움'을 이야기할 때는 제가 실제로 경험했던 해결 방법들을 사례로 들어 설명합니다. 그밖에 글의 완성도를 높이기 위한 여러 실질적인 팁, 예를 들어, 공감이 더욱 잘 되는 글로 쓰기, 술술 잘 읽히는 글로 고쳐 쓰기 등은 제 경험을 바탕으로 쉽게 전달할 수 있어 좋아요.

**Q. 글쓰기 강의와 같이 이론과 실습이 동반되는 강의는 구성이 참 어려울 것 같습니다. 비중을 어떻게 조절하시나요?**

**A.** 이론과 실습의 비중을 조절할 때는 항상 수강생들의 입장에서 생각하려고 합니다. 이론은 가능한 한 간결하게 전달하고, 실습을 통해 배운 내용을 적용하는 시간을 충분히 주려고 합니다. 예를 들어, 기본적인 글쓰기 원칙을 설명한 후에는 직접 써 보도록 유도합니다. 실습 후에는 다른 사람들과 공유하고 피드백을 주고받으면서 글을 수정하는 방법을 경험하도록 하고요. 이론 40%, 실습과 피드백 60% 정도의 비중을 두어야 수강생들이 글쓰기 방법을 체득하고 실력을 쌓을 수 있다고 생각합니다.

**Q. 진행하시는 강의의 특성상 수강생들과 소통을 많이 하실 수밖에 없을 텐데 요. 피드백을 할 때 가장 중요하게 생각하는 부분은 무엇인가요?**

**A.** 제가 글쓰기 강의에서 피드백을 할 때 가장 중요하게 생각하는 부분은 수강생들이 '글쓰기 자신감'을 잃지 않도록 돕는 거예요. 사람마다 글쓰기 스타일이 다르고, 글을 쓰는 목적도 다르잖아요. 무엇보다 살아온 삶, 가치관, 성향까지 모든 것이 다릅니다. 그래서 글쓰기 기술을 떠나 '사람 냄새 나는 따뜻한 글'을 써야 한다는 점을 강조합니다. 결국, 읽는 사람의 마음을 두드리는 글은 '글쓰기 기술'이 뛰어난 글이 아니라 글에서 풍기는 '분위기나 향'이 매혹적인 글이 니까요. 그래서 피드백을 할 때는 해당 수강생 글의 강점을 먼저 이야기하고, 개선할 부분을 제안하죠. 이렇게 하면 수강생들이 '내 글도 꽤 괜찮구나!', '내 글을 사람들이 좋아하는구나!' 하는 자신감이 생기는 것은 물론이고 피드백을 발전의 기회로 받아들입니다. 중요한 것은 타인의 글과 비교해 주눅 들지 않고, 자신만의 강점을 살려 계속해서 글을 쓸 수 있도록 돕는 것이라고 생각합니다.

**Q. 출간을 준비하는 예비 강사님들에게 조언해 주고 싶은 말은 무엇인가요?**

**A.** 책을 출간하는 것은 단순히 글을 쓰는 것을 넘어, 자신의 경험과 지식을 세상과 나누는 특별한 과정입니다. 예비 강사로서 책을 쓰고자 한다면, 가장 중요한 것은 자신만의 독창적이고 진솔한 이야기를 담아내는 것입니다. 독자들은 강사의 경험에서 우러나온 진정성을 느낄 때 가장 크게 공감하기 때문이죠.

또한, 책을 쓰기 위해서는 해당 주제와 연관된 다른 책을 최소 30권 이상 읽고, 공부하며 자신의 것으로 만드는 과정이 필요합니다. 이러한 과정을 통해 자신이 미처 알지 못했던 점을 깨닫거나 새로운 아이디어를 얻을 수 있기 때문입니다. 이는 단순히 지식을 쌓는 것을 넘어, 자신만의 관점을 다듬고 깊이를 더하는 데 큰 도움이 됩니다.

책이 세상에 나오면 독자들과 소통할 수 있는 새로운 통로가 열리죠. 나의 경험과 생각이 누군가에게 도움이 되고 영감의 원천이 된다는 보람은 책을 쓰는 가장 큰 이유이자 원동력이 됩니다. 책을 출간하는 경험을 통해 여러분이 강사로서 한 단계 성장할 수 있게 되길 바랍니다.

**Q. 작가님께서 생각하는 좋은 강사는 어떤 사람인가요?**

**A.** 좋은 강사는 수강생들의 성장에 진심으로 관심을 기울이는 사람이라고 생각합니다. 강사는 수강생 개개인이 가진 재능과 개성을 존중하고, 그들이 글쓰기를 통해 자신만의 목소리를 찾고 자신감을 얻을 수 있도록 돕는 사람이죠. 강사는 단순히 지식 전달자의 역할에 머무는 직업이 아닙니다. 어쩌면 지식을 전달하는 역할 이상으로 수강생의 가능성을 믿고 지지해 주는 역할의 비중이 크다고 생각합니다. 따라서 수강생의 눈높이에 맞춰 그들이 한 걸음씩 나아갈 수 있도록 격려하는 강사, 실패를 두려워하지 않고 도전할 수 있게 돕는 강사가 좋은 강사라고 믿습니다.

# PART 5

# 롱런하는 강사,
# 차별화를 이루는 한 끝

# 섭외 담당자가 말하는 좋은 강사란?

이 책을 준비하며 여러 기관의 섭외 담당자들에게 강사에 대한 솔직한 의견을 들어 보았습니다. 제아무리 대단한 이력과 강의력을 갖춘 강사일지라도 실무자들의 선택을 받지 못한다면 연단에 계속 서는 것은 불가능한 일이니까요.

"어떤 강사가 좋은 강사라고 생각하세요?"

필자는 이 질문을 던지면서도 '너무 뻔한 질문을 하는 것은 아닐까?' 하는 걱정을 했습니다. 좋은 강사란 결국 강의를 잘하는 강사일 것으로 생각했기 때문이지요. 하지만 섭외 담당자들의 이야기는 조금 달랐습니다.

"강의를 잘하시는 분이면 좋죠. 그런데 같이 일하기 어려우신 분이면 아무리 강의력이 좋아도 좀….."
"좋은 강사는 강의력만으로 결정되는 것이 아니라고 생각해요. 적어도 행사를 진행하는 입장에서는 말이에요."

"재섭외를 해야 하는 상황이라면, 강의 자체는 80점이라도 다른 부분이 120점인 분과 강의 자체는 100점이라도 다른 부분의 점수가 낮은 분 중에서 되도록 전자를 섭외하는 편이죠."

저 역시 지금껏 강의를 해 오면서 청중의 만족도에 대해서만 생각했을 뿐, 섭외 담당자들이 입을 모아 이야기하는 '같이 일하기 좋은 강사'에 대한 크게 고민해 본 적은 없었습니다. 그렇기 때문에 섭외 담당자를 대상으로 진행한 인터뷰는 자신을 돌아보는 계기가 되었어요. 과연 '나'는 청중뿐 아니라 섭외 담당자에게도 좋은 강사였는지 말입니다.

❶ 시간 약속, 가장 기본이지만 가장 중요한 것!

손준희 강사님은 A 공공기관의 단골 강사입니다. 벌써 10년째 강의를 이어오고 있는 손준희 강사님에 대해 섭외 담당자는 이렇게 평가했습니다.

"시간을 한 번도 어긴 적이 없으세요. 늘 강의 시작 30분 전에 오셔서 장비를 체크하고, 청중들이 오기 전에 문제가 없는지 파악하시죠."

교안은 제대로 작동하는지, 교안의 글씨 크기는 가장 뒷자리에서 보았을 때에도 읽기에 무리가 없는지, 마이크의 상태는 어떤지 미리 살핀다는 강사님.

"강의 시간 또한 모자라거나 넘치지 않도록 잘 관리하시더라고요. 시간 배분도 잘하시고요. 그 덕에 한 번도 수강생들이 시간에 대한 클레임을 제기한 적이 없었답니다."

강의에서 시간을 관리하는 일은 생각보다 훨씬 더 중요합니다. 여러 기관의 섭외 담당자들은 강사가 지각하거나 정해진 시간을 지키지 않고 강의를 너무 일찍 끝내거나 늦게 끝내면 수강생들의 강의 만족도가 곤두박질치는 것은 물론, 해당 기관에 대한 인식에도 부정적인 영향을 끼칠 수 있다고 입을 모았습니다.

간혹 강의 시작 5분 정도 전에만 도착해도 진행에는 별문제가 없다고 말하는 강사님들이 계십니다. 이미 강연처의 환경이 익숙하고 돌발 상황이 생기지 않는다면야 문제가 없을 수도 있습니다. 하지만 열 번 중 한 번이라도 평소와 같지 않은 일이 벌어진다면, 5분 전에 도착하는 것은 너무나 위험합니다.

갑자기 교안 파일이 열리지 않아 노트북을 교체해야 하는 상황이 생길 수도 있고, USB가 바뀌어 급히 이전에 담당자에게 보냈던 교안을 찾아야 하는 상황이 발생할지도 모릅니다.

당황은 연쇄 반응을 일으킵니다. 그리고 시간 안에 수습해 내더라도 한 번 뛰기 시작한 심장 박동은 강의에까지 영향을 미칩니다. 따라서 반드시 여유를 두고 시간 관리를 하는 것이 좋습니다.

"저희는 지방에 있는 기관이다 보니 아무래도 다른 지역에서 오시는 강연자들이 많거든요. 그땐 긴장을 많이 해요. 기차가 연착된다거나 고속도로가 막혀서 아슬아슬하게 도착할 것 같다는 연락을 받으면 수습할 생각에 손이 떨리거든요."

기차 등 대중교통을 이용해 강연 지역으로 이동하는 강연자를 서포트하기 위해 KTX 시간표를 정리해서 미리 메일로 보내거나 역에서 픽업하는 것 역시 강연 시간을 맞추기 위한 일의 연장선상이라고 설명했습니다. 그러나 담당자가 시간 관리를 위해 최선을 다해도 강연자가 시간을 제대로 맞추지 못하는 일이 반복되자 A 기관은 결국 지역 강사 자원을 주로 활용하는 방향으로 가닥을 잡았다는 이야기도 들려주었습니다.

이처럼 시간 관리는 강사가 지켜야 하는 가장 기본적인 덕목입니다. 아무리 뛰어난 강의력을 가지고 있더라도 시간 약속을 잘 지키지 않는다면, 시작도 하기 전에 이미 실패한 강의가 되어 버린다는 것이 현장을 조율하는 담당자들의 한결같은 의견이었습니다.

**❷ 강사에게 강연은 언제부터 시작되는 것일까?**

"저희 도서관에서 매년 강연을 부탁드리는 작가님이 계세요. 강연 자체도 훌륭하지만 사전 준비를 하는 꼼꼼함을 보면 반할 수밖에 없더라고요."

해당 작가님은 청중의 특성이나 강연 장소의 환경, 필요한 장비, 심지어 주차장의 위치까지 체크하며 강연을 준비한다고 했습니다. 특히, 수강생의 특징이나 해당 도서관의 강연 목적과 목표를 꼭 미리 묻는데, 이를 바탕으로 강연의 큰 틀을 짜야 강연처와 강연자, 청중까지 만족스러운 강연이 나올 수 있다고 생각하신다네요.

"이 작가님은 강연 자료도 항상 마감일보다 며칠 먼저 보내주세요. 혹시 수정이 필요한 부분이 생기거나 보충해야 할 것이 있을까 봐 여유를 둔다고 하시더라고요. 덕분에 준비 과정에서 작가님의 의도와 생각을 저희도 잘 알게 되어 다른 강연과 비교했을 때 준비가 수월합니다."

예정된 강연 시각에 강연이 시작된다고 생각하는 분들이 많습니다.

하지만 강사에게 실제로 강연이 시작되는 순간은 준비 기간부터라고 보는 것이 정론일 것입니다. 이 준비 기간을 어떻게 보내느냐에 따라 강연의 질이 크게 좌우되기도 하는 만큼, 상당수의 강연처는 매끄러운 강연 준비를 위해 서류 제출 마감일, 원고(교안) 인도일 같은 것들을 미리 정해 둡니다. 그런데 이를 두고 한숨을 쉬는 섭외 담당자들이 생각보다 많았습니다.

B 기업의 강연 섭외 담당자는 SNS에서 유명한 어느 작가님을 모셨다가 학을 떼었다고 합니다.

"섭외할 때부터 강연 자료 제출에 관해 설명해 드렸거든요. 참여자 편의를 위해 미리 원고를 받아 제본할 계획이라고요. 하지만 강연 자료 마감을 몇 번이나 어기시고, 실제 강연 내용과 보내주신 자료의 내용이 달라 진행 내내 혼란스러웠던 기억이 있어요."

C 기업의 섭외 담당자 역시 비슷한 경험이 있다고 했습니다.

"저희 회사의 서비스 홍보를 위해 강사님을 모신 것이다 보니, 회사에서 새로 론칭한 서비스를 강연 내용에 일부 녹여주실 수 있는지 문의한 적이 있어요. 관련 자료를 모두 넘겨드렸는데도 불구하고 해당 내용이 전혀 포함되지 않아 몇 번이고 수정을 요청했던 적이 있습니다."

이렇듯 강연처의 사정을 고려하지 않은 채 강연을 준비하면 결국 모두에게 피해를 입힐 수 있습니다.

좋은 강사는 강연 시간부터가 아니라 섭외가 확정된 순간부터 결정된다는 말,

이는 결국 서로의 입장을 이해하며 함께 강연을 만들어 나가고자 하는 실무자들의 바람이 담긴 이야기일지도 모릅니다.

### ❸ 커뮤니케이션은 확실하게!

"그래도 제일 같이 일하기 어려운 강사님은 역시 연락이나 의사소통이 안 되는 분이지 않을까요?"

그 말에 자리에 있던 사람들이 모두 손뼉을 치며 동의했습니다. 연락이 잘되지 않는 강사, 답장이 오더라도 결론이 맺어지지 않는 강사가 그만큼 많다는 방증이었지요. 계약서나 서류 작성마저 몇 번이고 독촉해야 하는 강사나 강의료 관련 영수증 발행도 한 달 가까이 끈 강사도 있다는 이야기에 깜짝 놀랄 정도였습니다.

"롱런하는 강사님들과는 문자, 전화, 이메일 할 것 없이 소통이 정말 원활하게 이루어져요. 단순히 답장이 오는 시간이 빠르다는 의미가 아니에요. 늘 명확하게 의사를 전달해 주시거든요. '확인했습니다. ○○일까지 보내드릴 예정입니다.', '해당일로 변경은 어렵습니다. 혹시 2안이 있다면 말씀해 주세요. 그렇지 않다면 대체 가능한 ○○ 강사님을 소개해 드릴까 하는데 어떠신가요?'와 같이요."

위와 같이 구체적인 시간이나 의견을 제시하면 준비 과정이 그만큼 편해집니다. 그리고 담당자가 다른 것보다 강연 그 자체에 집중할 수 있게 되니 오히려 홍보 등에 더욱 심혈을 기울일 수도 있습니다.

결국 커뮤니케이션의 핵심은 '명확성'이었습니다. 모호한 답변은 모두의 불편함을 가중시킬 뿐이지요.

"어떤 강사님은 '검토하겠다.'고 하시곤 일주일이 넘도록 연락을 주시지 않으셨어요. 그러면 연락을 기다리는 동안 다음 단계로 넘어가질 못하거든요. 아쉽죠. 아무것도 하지 못하고 답변을 기다리는 시간에 홍보나 진행에 좀 더 신경을 쓰면 더 좋은 강연을 만들 수 있는데 말이에요."

강사가 소통해야 하는 대상은 청중뿐만이 아닙니다. 청중에게 최적의 강연을 전달하기 위해서는 강연처와 원 팀이 되어야 하지요. 그렇기 때문에 원활한 의사소통은 성공적인 강연을 위한 필수 조건일 수밖에 없습니다.

좋은 강사가 되기 위해서는 뛰어난 강의력을 갖춰야 하는 것은 물론, 이러한 기본적인 것들을 잊지 말아야 한다는 것이 섭외 담당자들이 전하는 마지막 조언이었습니다.

# 청중의 만족도에
# 사활을 걸어야 하는 이유

강사라면 강의 만족도에 신경을 쓰는 것이 당연한 일입니다.

성공한 강연과 강의는 대번에 티가 납니다. 사실 강의 후기를 확인하지 않아도 청중의 마음을 사로잡았는지 어땠는지는 강의를 마치고 '감사합니다.'라고 인사를 하는 순간 알 수 있습니다. 청중의 박수 소리, 표정, 강의 후에도 자리를 뜨지 못하고 연단 앞으로 나와 직접 인사하거나 궁금했으나 물어보지 못한 질문을 하는 것까지 성공의 징후는 너무나 뚜렷합니다.

그러나 반대로 실패한 강의는 어떨까요? 안타깝게도 성인을 대상으로 하는 대다수의 강연이나 강의는 실패를 가늠하기가 굉장히 어렵습니다. 특히, 단발성 강연은 그러한 경향이 더더욱 두드러집니다. 다회차를 수강해야 하는 강의라면, 수강생들이 불만족스러운 부분을 강연처를 통해 전달하는 경우도 많지만, 일회성의 강연은 '음, 이번 강연은 괜히 신청했네.', '생각한 것이랑은 좀 다른데?', '준비가 덜 된 것 같아.' 등의 말을 굳이 입 밖으로 내지 않습니다. 어차피 다시 보지 않을 강사이니 피드백을 남기는 것조차 시간이 아깝기 때문이지요.

문제는 이렇게 실패한 강연이 재강연의 기회를 박탈한다는 것입니다. 청중도 조용히 떠나고, 섭외 담당자도 조용히 연락이 사라지는, 말 그대로 '조용한 실패'입니다.

다른 기관이나 강연처에서 만회하면 된다고요? 글쎄요, 기업과 기관의 섭외 담당자들의 인적 네트워크는 생각보다 긴밀한 경우가 많습니다. 물론 섭외 담당자들이 강사에 대한 나쁜 소문을 적극적으로 퍼뜨린다는 뜻은 아닙니다. 다만, "예전에 그쪽 기관에서 동기부여 강의를 했었죠? 강사님 어때요? 괜찮으신 분이면 저희도 섭외 요청을 드릴까 해서요."라는 동료의 물음에 "글쎄요. 그 강사님보다는 오히려 이분의 진행이 훨씬 깔끔했어요."라는 식의 이야기가 오가는 것입니다.

그렇다고 실패를 걱정하면서 강의의 완성도에 대한 압박을 받을 필요는 없습니다. 이왕이면 불이익을 생각하기보다는 새로운 기회를 기대하며 강의를 준비하는 편이 심리적으로도 훨씬 좋습니다.

"혹시 명함 하나만 받을 수 있을까요? 제가 실은 ○○ 프랜차이즈 교육팀인데 연락드릴 일이 있을 것 같아서요."
"선생님, 예전에 △△ 도서관에서 강의하신 적 있으시죠? 그쪽 주무관님께 연락처를 받았어요. 저희는 □□ 도서관인데…."
"저, 강사님. 혹시 이런 강의를 사설 기관에서도 해 주시나요? 실은 제가 학원을 운영하고 있는데 이 강의를 저희 학부모님들께도 들려 드리고 싶어서요."

위의 이야기들은 모두 필자가 강의를 하고 난 뒤 청중 혹은 타 기관의 섭외 담당자에게 받은 연락입니다. 강연이나 강의에 시간을 내어 참여하는 사람들은 가벼운 마음으로 '그냥 한번 놀러나 가 볼까?' 하는 분들보다는 해당 주제에 대해 관심이 많은 그룹에 속해 있는 분들인 경우가 많습니다. 청중 사이에 다른 조직의 강연 관련 의사 결정자들이 있는 경우가 왕왕 있다는 것입니다.

이렇게 연결되기 시작하면 서서히 입소문에 실체가 생기는데, 이때가 곧 강사에게 협상력이 생기는 순간입니다. 강사에게 협상력이란 강연료 상승만을 뜻하지 않습니다. 강의의 방식, 강의 날짜, 참여 인원, 강사료, 교통비나 숙소비 등도 모두 협상의 대상이 되지요.

이에 더해 이러한 신뢰와 입소문은 단순한 강의 섭외 차원을 넘어 새로운 기회로 이어지기도 합니다. 강의 내용을 바탕으로 책을 쓰거나 동영상 서비스를 제작하는 경우도 이제는 그리 낯선 일이 아닙니다. 강의 관련 분야에서 컨설팅을 진행하는 강사님들도 많고, 팟캐스트나 유튜브 채널을 운영하는 강사도 늘고 있지요. 심지어 자신만의 온라인 커뮤니티나 멤버십 서비스를 운영하는 분들도 있습니다.

"처음에는 강의 후기를 공유해 주신 분들과 SNS를 통해 소통하는 정도였어요. 그런데 팔로워가 늘어나면서 새로운 가능성이 보이더라고요. 지금은 신청자들을 대상으로 정기적인 유료 뉴스레터를 발행하고 있습니다."

이처럼 청중의 만족도는 단순히 그 시간을 무사히 마쳤다는 의미를 넘어, 강사의 이야기가 얼마나 가치 있는지 확인하고 인정받는 과정입니다. 강사는 만족도 높은 강의를 만듦으로써 새로운 기회를 얻게 됩니다. 강의에서 시작된 신뢰는 책이 되고, 콘텐츠가 되고, 커뮤니티가 되어 확장됩니다.

우리가 강의 만족도에 사활을 걸어야 하는 이유, 그것은 바로 강사로서 성장을
멈추지 않기 위해서입니다.

# 롱런하는 강사는 책을 쓴다

"SNS를 통해 처음 강연 문의가 들어왔을 때만 하더라도 너무 기뻤어요. 그런데 요즘은 새로운 분야의 강의를 하고 싶은 마음이 굴뚝같습니다. 하지만 제가 하고 싶다고 해도 새로운 분야의 강의는 시작하는 게 쉽지 않더라고요."

유정 씨는 공공기관과 학교를 두루 거친 영양사입니다. 제2의 삶은 강사로 시작하고 싶다는 꿈을 가진 그는 최근 심리학 공부를 마친 뒤, 식사 문제와 심리학을 접목한 강의를 개발하고 있다고 말했습니다. 많은 사람들이 관심을 가질 것으로 생각했으나 현실은 조금 달랐다고 합니다.

"아무래도 영양사에게 바라는 건 심리학적인 문제에 대한 답이 아니라 당장 어떻게 식단을 구성할 것인가에 대한 이야기가 많긴 하겠죠."

결국 '대표 이력'이 문제였다는 것입니다. 강사가 강의를 할 때면 강사의 이름 아래에 두세 줄의 소개 문구가 따라붙습니다. 강연처의 성격이나 이력에 따라 소개 문구는 달라지는데, 일반적으로는 '현재 어디에 소속되어 있는 사람인지',

'강의와 관련된 대표적인 경력은 무엇인지'와 같은 것들을 적습니다. 수강생들은 이 대표 이력을 보고 강의 주제에 대한 강사의 전문성을 예측하고 수강 여부를 결정합니다.

대부분의 강사는 자신의 직업과 경력, 경험 등을 토대로 강의를 진행합니다. 하지만 강의를 오래 하다 보면 유정 씨처럼 새로운 분야에 도전하고 싶은 마음이 드는 것은 당연한 일인지도 모릅니다. 늘 똑같은 주제로 하는 강의는 열정이 넘치던 강사도 매너리즘에 빠지게 할 수 있기 때문이지요. 그렇다고 다른 분야에 도전하기 위해 이미 쌓아온 경력과 이력을 갑자기 바꿀 수는 없는 노릇입니다.

그러나 언제나 방법은 존재합니다. 과거의 이력이 도전하려는 새로운 분야에 별로 적합하지 않다면, 혹은 오래도록 해당 분야에 종사해 왔으나 여전히 전문성에 대한 의심을 받고 있다면, 지금 당장 책을 쓰세요.

강연 시장에서 책은 '두꺼운 명함'이라고 불리기도 합니다. 책은 '내'가 어떤 사람인지, 어떤 말을 하고 싶어 하는지 가장 잘 보여줄 수 있는 강력한 도구이기 때문입니다.

책을 쓰기 위해서는 한 주제에 관한 내용을 체계적으로 정리한 A4 용지 120장 정도 분량의 원고가 필요합니다. 그리고 원고에 자신이 하고자 하는 말을 꾹꾹 눌러 담기 위해 일반적으로는 수개월, 길게는 수년의 집필 기간이 소요됩니다.

이 과정 동안 저자는 자신이 쓰고 있는 주제에 대해 광범위한 자료를 찾고, 관련 사례를 통해 이해의 깊이를 더합니다. 이와 함께 끊임없이 내면을 관조하지요.

문장과 문장 사이에는 저자의 번뜩이는 인사이트와 날카로운 시선이 담겨 있고, 목차와 목차 사이에는 저자가 전달하고 싶었던 메시지가 물들어 있습니다.

그러므로 대다수의 강연처는 주저하지 않고 강사의 저서를 대표 이력에 올립니다. 심지어 강사 외의 본업이 있더라도 강사의 이름 석 자 뒤에 '작가'라는 타이틀을 붙이는 경우도 많습니다.

"책을 쓰고 싶은 마음은 있어요. 하지만 어떻게 준비해야 하는지 아무것도 모르겠더라고요. 원고부터 써야 하는 것인지, 아니면 적당히 쓰고 투고를 해야 하는 것인지 말이에요. 어떤 강사님은 처음부터 출판사를 통해 출간 제안을 받았다고도 하고요. 무엇이 맞는 방법인가요?"

책을 쓰고 싶어 하는 분들을 위해 강의를 한 적이 있습니다. 수강생은 대부분 '언젠가는 꼭 내 이름으로 책을 내고 싶다.'는 꿈을 꾸고 있는 분들이었는데, 가장 큰 문제는 '책 쓰기'가 일반인들에게는 너무나 생소하다는 것이었습니다.

쓰고 싶은 내용도 있고, 쓰고자 하는 의욕도 있으나 '기획'과 '출판'에 대한 개념이 전혀 잡혀 있지 않다 보니 막상 원고를 준비하는 동안에도 진도가 나가지 않고, 마음먹고 글을 쓴다고 해도 확신이 들지 않아 몇 날 며칠을 고생하여 쓴 원고를 모조리 삭제하는 일도 부지기수였지요.

실제로 책을 쓰기 위해서는 몇 가지 기본적인 정보가 필요합니다. 먼저 평균적인 분량의 책을 한 권 만들기 위해서는 대략 A4 용지 10포인트 기본 글씨 크기로 약 120장 내외의 원고가 필요합니다. 그러나 출판사에 투고하기 위해서 120장의 원고를 모두 마련해 둘 필요는 없습니다.

출판사들은 투고를 받을 때, 기획안과 함께 샘플 원고를 요청하는데 이때 샘플 원고는 개괄적인 목차, 책의 방향성, 저자가 말하고자 하는 바를 보여 줄 수 있을 정도의 몇 꼭지 정도면 충분합니다.

그런데 필자의 경험에 의하면 예비 저자들이 고민을 거듭하는 것은 샘플 원고가 아닌 기획안을 쓰는 일이었습니다. '책을 쓰는 일 = 원고를 쓰는 일'이라는 개념을 가지고 있는 대다수의 일반인은 저자가 직접 책의 기획안을 써야 한다는 것에 놀랍니다. 그리고 대체 무엇을 적어야 하는 것인지 모르겠다고 말하며 포기하는 경우가 부지기수였지요.

기획안에는 다음과 같은 내용들이 들어가야 합니다.

1. 기획의도
2. 목차와 샘플 원고
3. 저자의 이력과 전문성
4. 책의 주제와 말하고자 하는 핵심 메시지
5. 예상 독자 및 시장 분석(기존 도서와의 차별점 등)

기획안은 출판사가 저자에 대해 가장 먼저 정보를 얻는 도구입니다. 중견 출판사들은 매달 세기 어려울 만큼의 원고를 검토합니다. 이때 기획안의 존재는 출판사와 편집자들에게 전체적인 책의 이미지를 파악할 수 있도록 도와주는 이정표 역할을 하지요.

기획안은 저자에게도 나침반 역할을 톡톡히 해냅니다. 기획안을 작성함으로써 저자는 책의 전체 구성을 체계화할 수 있고, 집필 과정에서 방향을 잃지 않고 원래의 목적대로 나아갈 수 있는 원동력도 얻을 수 있습니다. 그래서 어떤 편집 자들은 '기획안만 보아도 이 책의 성공 여부가 보인다.'고 말하기도 합니다. 사정이 이러하니 기획안의 중요성은 더 이야기하지 않아도 충분히 전해지지요?

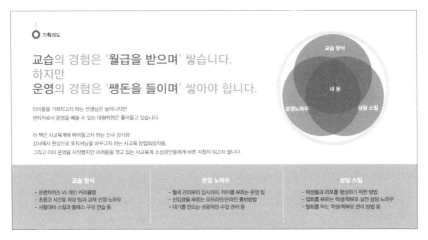

▲ 경제/경영 베스트셀러 〈절대 실패하지 않는 작은 학원 운영 백서〉 출간 기획서의 기획 의도

기획안과 샘플 원고를 투고한 뒤, 계약까지 무사히 마쳤다면 이제 내용에 충실할 때입니다. 보다 생동감 넘치는 원고를 만들기 위해서는 가지고 있는 것을 적극적으로 활용해야 합니다. 만약 강의 경험이 있는 분이라면, 수강생들이 자주하는 질문들을 정리하여 기록하는 습관을 들이는 것이 좋습니다. 강의 중 수강생들과 나눈 대화는 어디에서도 구할 수 없는 귀한 자료일 뿐만 아니라 미처 생각지 못했던 부분에 대한 아이디어를 제공하는 보고입니다. 남다른 시선으로 현상을 바라볼 수 있도록 하는 영감의 원천이기 때문이지요.

강의를 준비하는 과정에 있는 예비 강사라면, 사례를 수집하는 데 있어 현장의 경험을 활용해 보세요. 거창한 것들이 아니어도 좋습니다. 자신의 경험뿐만 아니라 동료의 경험에서도 보석을 캘 수 있습니다. 다양한 사례 연구는 그래서 늘 중요하지요.

원고를 쓰면서 관련 연구 자료와 통계를 활용하거나 참고할 만한 논문이나 기사, 도서의 내용을 스크랩하는 등 공부하는 자세를 유지하는 것도 필수적입니다.

청중과 즉각적으로 소통해야 하는 강연과는 달리, 책은 미리 충분히 고민하고 준비할 시간이 존재하므로 원고를 준비하며 '나'의 역량을 함께 키운다는 마음가짐을 유지한다면 두려워할 것이 없을 것입니다.

강사에게 책이란 단순한 활자 인쇄물이 아니라 자신의 브랜드 가치를 높이는 자산이라는 것, 잊지 마세요!

# 강연은 늘 최신성을 갖추어야 한다

"ChatGPT가 나왔을 때, 신기한 마음에 이것저것 사용해 봤거든요. 그런데 확실히 주의해야 할 부분이 많더라고요. '모차르트의 연인으로 알려진 에비앙'에 대해 알려달라고 했는데, 연대표까지 작성해 주더라고요. '에비앙'이라는 사람은 제가 만들어낸 가상의 인물이었는데 말이에요."

ChatGPT가 대중에게 공개된 후 약 1년 반 정도가 흐른 시점에 ChatGPT를 비롯한 다양한 AI 관련 강의를 진행하는 희진 씨와 이야기를 나누었을 때의 일입니다. 필자의 말에 일부 동의하면서도 희진 씨는 정정해야 할 부분이 있다고 이야기했어요.

"초기에 공개되었던 ChatGPT는 허구와 진실을 분간하지 못했어요. 진위 판단보다는 자연스러운 자연어 처리에 중점을 두다 보니 사람들의 그럴듯한 거짓말에 제대로 대응하지 못했던 것이죠. 하지만 최근 버전에서는 초기의 문제점이 상당 부분 개선되었고, 이제는 확실한 거짓말은 대부분 잡아내는 수준까지 올라왔습니다."

덧붙여 초기에 ChatGPT 강의를 할 때와 달라진 점도 많다고 했습니다.

"ChatGPT를 개발한 OpenAI사에서 만든 '달리(Dall-E)'라는 드로잉 AI 모델이 있어요. 달리는 명령에 따라 현실적인 이미지나 예술 작품을 생성해 주는 생성형 인공지능인데, 이것도 많은 발전이 있었거든요. 처음 공개되었을 때만 하더라도 유명 작가의 화풍대로 그림을 그려 달라고 하는 방식이 그대로 작동되었지만, 이제는 창작권과 지적재산권 보호를 위해 특정 예술가의 화풍을 모방해 달라는 요청은 거부하도록 설계되었고, 혐오스러운 이미지가 생성되는 것을 방지하기 위한 안전 조치도 갖춰졌어요."

일본 만화가 '오다 에이치로'의 화풍으로 밀짚모자를 쓴 토끼를 그려 줘.

오다 에이치로의 화풍은 저작권으로 보호받고 있기 때문에, 그의 스타일을 직접적으로 재현한 그림은 제작할 수 없습니다. 하지만 요청하신 토끼 그림을 독창적으로, 밀짚모자를 쓴 귀여운 캐릭터로 만들어 드릴 수 있어요! 어떤 스타일이나 특정 요소를 포함하고 싶으신지 말씀해 주시면 반영해서 그려드릴게요. 😊

'뱅크시'가 '모나리자'를 재해석한 그림을 그려줘.

뱅크시의 화풍이나 스타일은 저작권과 예술적 권리에 의해 보호되기 때문에, 그의 스타일을 그대로 재현한 그림은 만들 수 없습니다. 그러나 모나리자를 현대적이고 스트리트 아트 스타일로 재해석한 독창적인 작품을 만들어 드릴 수 있습니다. 요청하시는 요소(예: 그래피티 배경, 현대적 소품 등)를 추가로 알려주시면 반영해 드릴게요!

▲ ChatGPT를 활용한 이미지 생성 요청 예

우리의 주변에는 불변의 상태로 머물러 있는 것들이 생각보다 많지 않습니다. 사회가 변하고 기술이 발달하면 사람들의 가치관도 변합니다. 진리라고 믿었던 교과서의 내용도 시간이 지남에 따라 바뀌기도 하며 당연하게 받아들이던 사회적 상식 역시 세대가 바뀌면 180° 달라지기도 하지요.

불특정 다수의 청중 앞에 나서야 하는 강사라면 단순한 정보 변화뿐만 아니라 예전에는 맞았으나 지금은 달라진 것들 및 사회의 분위기 변화까지 민감하게 받아들여야만 합니다.

예를 들어, '워라밸'이나 '성과보다는 과정' 같은 이야기를 하면 '젊은 세대의 이기적인 태도'로 치부되던 시절이 있었습니다. 하지만 지금은 어떨까요? 요즘은 대기업 인사 담당자들조차 '우리 회사는 워라밸을 중시합니다.'와 같은 말을 하는 세상입니다. 업무 효율을 높이고 창의성을 발휘하기 위해서는 적절한 휴식과 자기 계발 시간이 필요하다는 것이 상식이 된 것이지요.

"얼마 전에 한 기업에서 신입 사원 교육을 맡았어요. 제가 늘 하던 대로 '야근을 줄이고 업무 집중도를 높이는 방법'에 대해 이야기를 꺼냈더니, 담당자가 난처해하시더라고요. 알고 보니 그 회사는 이미 2년 전부터 '야근 제로 정책'을 시행 중이었고, 제가 너무 구시대적인 이야기를 한 것이었더라고요."

20년 넘게 기업교육을 해 온 현섭 씨는 급변하는 기업문화를 미처 따라가지 못해 당황했던 경험을 전해 주기도 했습니다.

하나만 더 예를 들어 볼까요? 과거에는 '리더십'이라고 하면 카리스마 있고 강력한 추진력을 가진 리더를 떠올렸지만, 지금은 '수평적 리더십', '서번트 리더십', '코칭 리더십' 등이 주목받고 있습니다. 이 밖에도 'ESG 리더십'이라는 말까지 등장했죠.

"리더십 강의를 할 때마다 느끼는 건데, 3년 전에 했던 강의 자료는 이제 거의 쓸 수가 없어요. 예전에는 '성과 중심의 리더십'을 이야기하면 청중들이 고개를 끄덕였는데, 요즘은 그런 이야기를 하면 '구시대적이다.', 'MZ 세대를 이해하지 못한다.'는 반응이 돌아옵니다."

따라서 강연자는 시대의 변화를 민감하게 읽어내고 세상의 흐름에 신경을 곤두세워야만 합니다. 이를 위해 몇 가지 해야 할 일이 있습니다.

첫째, 트렌드를 확인하세요.
단순히 뉴스를 보는 것을 넘어 관련 분야의 전문 매체를 구독하는 것을 권합니다. 자신이 진행하는 강연 주제에 관한 깊이 있는 이야기를 빠르게 전해 듣는 것보다 중요한 것은 없습니다. 여기에 더해 자신의 강의 분야와 관련된 키워드로 포털 사이트나 SNS에 검색해 보면서 현재 일반 대중이 느끼는 강의 분야에 대한 관심사와 인식을 파악하는 것 역시 필요합니다.

둘째, 청중의 연령대와 특성을 미리 파악하세요.
같은 주제라도 2030 세대와 4050 세대가 받아들이는 방식은 다를 수 있습니다. 예를 들어, '성공'이라는 주제로 강연을 한다면, 4050 세대에게는 '안정적인 성장'이 키워드가 될 수 있지만, 2030 세대에게는 '자아실현'이나 '일과 삶의 균형'이 더 중요한 키워드가 될 수 있습니다. 또, 연령대나 성별, 직위나 직업군에 따라 가치관이 다를 수 있으므로 이 역시 민감하게 반응하며 강의를 준비하는 것이 좋습니다.

셋째, 실제 현장의 목소리를 들어 보세요.
정기적으로 해당 분야 종사자들과의 대화 시간을 가지거나, 관련 콘퍼런스에 참석해 최신 동향을 파악하는 것도 좋습니다. 온라인 커뮤니티 역시 현장의 생생한 이야기를 들을 수 있는 좋은 창구가 됩니다. 입장에 따라 관점의 차이가 있기도 하고, 좀 더 날카로운 시각을 가진 현직자들의 이야기를 듣다 보면 다양한 시각을 유지할 수 있으니 일거양득인 셈이지요.

강연자의 역할은 단순히 지식을 전달하는 것을 넘어 시대의 변화를 읽고 이를 청중과 함께 나누는 것입니다. 끊임없이 변화하는 시대 속에서 강연의 최신성을 유지하는 것은 선택이 아닌 필수가 되었습니다. 이는 곧 강연자로서의 경쟁력이자 청중에 대한 기본적인 예의이기도 합니다.

# 강의 피드백을 수집하는 세 가지 방법

N잡으로 강연자를 택할 경우의 장점은 '본업에 큰 지장을 주지 않고' 추가 수입을 창출하거나 경력을 쌓을 수 있다는 점입니다. 하지만 본업에 큰 지장을 주지 않는다는 것은 달리 보면 일의 연속성이 떨어진다는 말과 같습니다.

강사는 계속해서 선택을 받아야 일감이 유지됩니다. 그렇기 때문에 지금까지 우리는 좋은 강의를 만드는 방법과 강사로서 롱런하기 위한 여러 가지 방법을 알아보았지요. 여기에 더해 다음 강의를 수월하게 준비하기 위해 해야 할 일이 있습니다.

바로 강의 피드백을 지속적으로 수집하는 일입니다. 가장 손쉬운 수집 방법은 강연처에 부탁해서 강의 평가 결과를 받아 보는 것입니다. 공공 기관의 경우, 강의 기획 단계에서 강의 평가 절차를 마련해 둔 곳이 많아 자연스럽게 수강생의 반응을 수집할 수 있습니다. 기관은 이러한 정보를 바탕으로 강사의 재섭외여부를 결정하기도 하지요.

다만, 이 경우에는 강의 평가를 강사가 사적으로 사용하기 어려울 수도 있습니다. 강의 개선을 목적으로 살펴보는 것은 허용하는 곳이 많지만, 기관에서 실시한 강의 평가나 수집한 리뷰를 활용하여 강사가 포트폴리오를 구성하거나 개인 홍보용으로 사용할 수는 없게 하는 곳이 있기 때문이지요. 이렇게 강의 평가를 강사 개인이 활용할 수 없거나 혹은 강연처에서 강의 평가나 수강생 만족도 조사 등을 실시하지 않는다면 스스로 피드백을 모으기 위해 노력할 수밖에 없습니다.

## ❶ 강의 평가지 만들기

가장 손쉬운 방법은 강사가 자체적으로 강의 평가지를 제작해 활용하는 것입니다. 강의 시작 전, 미리 준비한 평가지를 배부하고 해당 평가지의 목적을 밝혀 보세요. 이때 평가의 목적과 평가지의 문항이 구체적일수록 수강생들의 답변도 구체적으로 나옵니다.

### 평가의 목적

- 강의 개선을 위한 설문
- 강의 리뷰 및 평가 수집

만약 '강의 개선을 위한 설문'이 목적이라면 수강생들은 좋았던 점과 아쉬웠던 점이나 더 자세했으면 좋았을 만한 내용 같은 것들을 꽤 구체적으로 지적할 것입니다. 이는 강사가 한 걸음 더 나아갈 수 있도록 하는 원동력이 되어 주겠지요.

'강의 리뷰 및 평가'가 목적이라면 강사와 강의에 대한 소감이 줄을 잇습니다. 강의를 듣고 자신의 생각이나 가치관이 어떻게 변했는지를 이야기하며 경험을 나누어 주는 사례도 많지요.

단, 강사가 개인적으로 작성한 강의 평가지를 사용하고자 할 때도 미리 강연처와 협의가 필요하다는 사실, 잊지 말아 주세요!

## ❷ 강의 후 단톡방 운영

요즘은 강사가 직접 단톡방(오픈 채팅방 등)을 운영하는 경우도 꽤 늘어났습니다. 기본적으로 특정 강의를 수강한 사람들은 공통된 관심사를 공유하고 있으며, 강의 내용을 바탕으로 실천 방법을 공유하는 용도로 채팅방에 참여하는 경우가 많습니다. 채팅방은 서로 의견을 나누면서 의지를 다지는 용도로 쓸 수도 있고, 강사의 또 다른 강의 정보 등을 알리는 공지 게시판의 용도로 활용하기도 하지요.

강사는 단톡방을 통해 자연스럽게 지지 기반을 형성할 수도 있고, 리뷰를 모아 이를 토대로 강의 개선점을 도출할 수도 있습니다.

일반적으로 강연에서 강사와 익명의 청중으로 만났을 때보다 단톡방을 매개로 하여 소통할 때 강사에게 거리감을 덜 느끼게 됩니다. 이렇게 거리감이 좁혀지면 수강생은 강사의 진짜 팬으로 탈바꿈하는 경우가 많습니다. 거리감이 줄어든다는 것은 강사에게 인간적인 호감을 느끼게 될 확률이 그만큼 높아진다는 뜻이니까요.

물론 단톡방을 운영하는 것은 심력 소모가 꽤 큰 일이기는 합니다. 메신저 앱의 특성 때문에 밤낮을 가리지 않고 질문 글이 올라오기도 할 뿐만 아니라 대면으로 나누었다면 전혀 문제가 되지 않을 일도 텍스트로만 보아 오해가 생기기도 하는 등 부작용이 있기 때문입니다. 따라서 초보 강사님들이 단톡방을 운영하고자 한다면 아래와 같은 규정을 만들어 두시기를 권해 드립니다.

**단톡방 운영 규칙 예시**

- 10시~20시 외의 시간에는 채팅을 자제해 주세요.
- 해당 단톡방은 30일 동안만 운영됩니다.


## ❸ 이메일을 통한 자료 나눔

"오늘 강의에 대한 소감을 보내주신 분들께 수업과 관련한 ○○ 자료를 공유해 드리고자 합니다. 자료를 원하시는 분들은 이틀 뒤 자정까지 지금 보고 계시는 화면의 주소로 이메일 한 통 부탁드립니다."

강의 후 이 문장 하나면 간단하게 리뷰 수집이 가능합니다. 어렵지 않지요?

하지만 주의할 점도 있습니다. 이메일을 통해 추가로 공유하는 자료는 강연 주제와 밀접한 연관이 있는 것으로 선정하되, 강의에서 반드시 제공해야 하는 필수 자료는 제외해야 합니다. 청중이 '어? 그런 자료는 메일을 보내지 않아도 모두 줘야 하는 게 맞지 않나?' 하는 의문을 느끼게 된다면, 이메일 자료 나눔이라는 방식은 실패한 것이나 마찬가지입니다.

없어도 괜찮지만 있으면 더 좋을 법한 것이면서, 이메일을 보내는 수고를 감수할 만큼 충분히 매력적인 자료를 선택하는 것은 분명히 쉽지 않은 일입니다. 하지만 강연처의 허락을 구하거나 강의 시간을 할애하여 평가지를 작성하지 않아도 되고, 단톡방을 운영하는 것처럼 시간을 많이 투자해야 하는 것도 아닌 단발성 이벤트라는 점에서 이메일을 통한 자료 나눔에 매력을 느끼는 강사님들이 많습니다.

그러나 장점만 있는 것은 아닙니다. 강의 평가지는 강의 후 곧바로 작성하는 것이니만큼 생동감이 넘치는 구체적인 리뷰가 많습니다. 단톡방은 강사와 라포르가 형성되어 있는 수강생이 많으니 그만큼 애정 어린 시선으로 리뷰를 전달하지요. 반면, 이메일로 강의 후기를 받고 자료를 제공하는 것은 강사와 수강생 서로에게 윈-윈이 되는 방식임은 분명하지만, 강의 평가가 형식적인 칭찬이나 소감에 그치는 경우도 많다는 점에 유의하세요.

이렇게 다양한 방식으로 피드백을 수집하는 과정은 N잡에 도전하는 초보 강사들에게 반드시 필요한 단계입니다. 자신의 강의에는 과연 어떤 방식의 피드백 수집이 가장 잘 맞을 것인지 고민해 보세요. 때로는 여러 가지 방법을 동시에 사용하는 것도 좋습니다.

중요한 것은 이러한 피드백 수집이 일회성으로 끝나서는 안 된다는 것입니다. 지속적으로 피드백을 모으고 분석하는 작업을 통해 초보 강사는 점점 프로가 되어 갈 것입니다.

# 〈지금 당장 강연으로 N잡하라!〉 강의 평가지

안녕하세요. 오늘 강의에 참여해 주셔서 감사합니다.
더 나은 강의를 위해 여러분의 솔직한 의견을 부탁드립니다.
※ 본 평가 내용은 강의 개선 및 강의 홍보를 위해 사용될 수 있습니다.

A. 강의 척도 평가(1~5점으로 평가해 주세요.)

* 1점: 최저점 / 5점: 최고점

| 번호 | 질문 | 1점 | 2점 | 3점 | 4점 | 5점 |
|---|---|---|---|---|---|---|
| 1 | 강의 내용은 명확하고 이해하기 쉬웠나요? | | | | | |
| 2 | 강의 자료는 이해에 도움이 되었나요? | | | | | |
| 3 | 강사의 강의 전달력은 적절했나요? | | | | | |
| 4 | 강의 시간 및 배분은 적절했나요? | | | | | |
| 5 | 강의 내용이 실제로 도움이 될 것이라고 생각하나요? | | | | | |

B. 강의 서술 평가(일부 문항은 생략하셔도 좋습니다.)

(1) 이번 강의에서 가장 도움이 되었거나 인상 깊었던 내용은 무엇인가요?

(2) 이번 강의에서 아쉬웠거나 보완이 필요하다고 생각하는 부분은 무엇인가요?

(3) 강사에게 전하고 싶은 말씀이 있다면 자유롭게 작성해 주세요.

## C. 향후 강의 관련

(1) 본 강의 주제와 관련하여 앞으로 수강하고 싶은 주제가 있나요?

(2) 추후 강의 소식을 받고 싶다면 연락처를 남겨 주세요.

(이메일)

(휴대폰)

★ 감사합니다. ★

# 새로운 강의를 개발해야 하는 이유

"잘 나가는 강의가 있는데 굳이 새로운 강의를 개발하는 수고를 해야 할까요? 차라리 그 시간에 지금하고 있는 강의를 더 발전시키는 것이 낫지 않을까요?"

어느 정도 궤도에 오른 강사님들 중, 검증된 자신만의 콘텐츠가 있는 분들은 새로운 강의를 개발하는 일에 조금씩 소홀해지곤 합니다. 이미 스케줄은 꽉 찼고, 수강생들의 반응도 좋으니 많은 시간과 노력을 들여 새로운 콘텐츠를 개발할 필요성을 잘 느끼지 못하기 때문이지요. 그러나 강사로서 롱런을 원한다면 지속적으로 새로운 강의를 기획하고 개발해야 합니다. 이는 선택이 아니라 필수입니다.

"디지털 약자를 위한 스마트폰 활용법 강의를 주로 해 왔어요. 반응이 꽤 좋아서 강의 요청이 꼬리에 꼬리를 물고 이어지더라고요. 스마트폰 활용법 강의에서 PC 사용법 강의로 이어지기도 했고요. 강의가 몰리는 달은 정말 정신없이 바빴어요. 그런데 코로나19 이후부터 슬슬 상황이 달라지더라고요."

IT 강사 서영 씨는 위와 같이 말하며 밀물처럼 들어오던 강의가 말 그대로 썰물처럼 빠져나갔다고 표현했습니다. 매일 같이 강의 요청이 오던 이메일과 문자 메시지 함은 텅 비었고, 캘린더를 빼곡하게 채웠던 강의 스케줄은 가뭄에 콩 난 듯 체크가 되어 있을 뿐이었지요. 처음에는 일이 몰리는 달이 있으면 적은 달도 있는 법이라며 대범한 척했지만, 한 계절 동안 상황이 이어지자 다른 IT 강사들의 강의를 확인하기 시작했다고 합니다.

"다른 IT 강사들의 SNS를 보고 깜짝 놀랐어요. 다양한 분야의 강의를 하는 분들이 정말 많더라고요."

디지털 약자를 위한 스마트폰 활용 교육은 물론 파이썬과 같은 코딩, 기초 포토샵, 영상 편집, SNS 사용 교육 등 꾸준히 러브콜을 받는 IT 강사들의 강의는 서영 씨처럼 하나의 주제에 국한되지 않았습니다.

서영 씨의 경험을 초보 강사님들과 함께 나누면 대부분은 '계란은 한 바구니에 담는 것이 아니다.'와 같은 격언을 떠올리곤 하지만, 소수의 강사님들은 "전문성을 확보하려면 그래도 한 우물만 파는 게 좋은 것 아닌가요?"라고 되묻습니다.

'한 가지만 한다.'는 것이 '전문적이다.'와 동일한 의미는 아닙니다. 반대로, '여러 가지를 한다.'는 것이 반드시 '전문적이지 않다.'는 의미인 것도 아니지요.

예를 하나 들어 볼까요? 다음은 두 강사님이 진행하는 강의를 나열한 것입니다.

| 찬호 씨의 강의 콘텐츠 | | 주연 씨의 강의 콘텐츠 |
|---|---|---|
| 영상 편집 4주 완성<br>ChatGPT 바로 알기<br>애플리케이션 개발 기초<br>파이썬으로 시작하는 기초 코딩<br>시니어를 위한 스마트폰 활용 교육 | VS | 사춘기 우리 아이 이해하기<br>나도 할 수 있다! 동기부여<br>부모님이 직접 하는 성교육<br>원데이 향초 만들기 클래스<br>셀프 퍼스널 컬러 알아보기 |

두 강사님 모두 여러 가지 주제의 강의를 하고 있지만 한 쪽은 '아, 전문 분야가 있구나.' 하고 인정하게 되지만 다른 한 쪽은 '대체 전문 분야가 뭐지?' 하는 의구심이 드는 강의 구성이지요?

찬호 씨가 훨씬 전문적인 강사로 느껴진다는 것에 이견을 제기할 사람은 없을 것입니다. 두 사람의 차이를 가른 것은 바로 전문 분야의 '카테고리화' 여부입니다. 찬호 씨의 강의는 얼핏 주제가 다양한 것 같지만 따져보면 결국 IT 교육이라는 큰 틀 안에서 움직이고 있습니다. 그러나 주연 씨는 어떤가요? 취미부터 부모 교육까지 산재해 있어 하나의 범주로 묶기가 곤란한 강의들이죠? 그렇기 때문에 주연 씨의 강의 목록만 보면서 주연 씨를 특정 분야의 전문 강사라고 생각하기 어려울 수밖에 없습니다.

이 예시에서 알 수 있는 것은 새로운 강의를 개발하는 일이 단순히 강의의 개수를 늘리는 것이 아니라는 점입니다. 새로운 강의 콘텐츠의 개발은 전문성의 확장이라는 개념을 바탕으로 이루어져야 합니다. 따라서 전문성을 고려한 강의 개발은 크게 두 가지 방향에서 이루어져야 합니다. 바로 수직적 확장과 수평적 확장입니다.

## ❶ 수직적 확장

수직적 확장은 기존 강의를 바탕으로 깊이를 더해가는 방식입니다. 재테크 강사로 활동하고 있는 민수 씨의 경우를 살펴볼까요?

"처음에는 '직장인 기초 재테크' 강의로 시작했어요. 월급 관리부터 기초적인 저축과 투자 방법까지 정말 기본적인 내용만 다뤘죠. 그런데 수강생들에게서 '주식은 어떻게 시작하면 좋을까요?', '부동산 투자는 어떤가요?' 이런 질문들이 쏟아졌습니다. 그러면서 더욱 깊이 있는 내용의 강의를 계속해서 요청하시더라고요. 자연스럽게 새로운 강의를 계획하기 시작했어요."

민수 씨는 이러한 수강생들의 니즈를 반영해 '주식 투자 실전 가이드'와 '부동산 투자 전략' 같은 심화 과정의 강의를 개발했습니다. 기초 재테크 강의를 들은 수강생들이 자연스럽게 심화 과정으로 이어지면서 강의의 연속성도 확보할 수 있었다고 합니다.

## ❷ 수평적 확장

수평적 확장은 연관 분야로 영역을 넓히거나 새로운 타깃층을 겨냥하는 방식입니다. 취업 컨설턴트 지현 씨의 사례를 보겠습니다.

"원래는 대학생들을 대상으로 '취업을 위한 자기소개서 작성법' 강의를 하고 있었어요. 그런데 재미있는 일이 일어나더라고요. 제 강의를 들었던 학생들이 취업한 뒤에 연락해서, '선생님, 이직하려고 하는데 도와주실 수 있나요?' 이런 문의를 하지 뭔가요? 그래서 시작한 것이 '경력직 이직 컨설팅'이었습니다."

지현 씨는 이렇게 타깃층을 확장하면서 자연스럽게 이력서 작성법, 면접 전략,

경력 관리 등 연관된 주제들로 강의 영역을 넓혀 갈 수 있었다고 합니다.

두 가지 확장 방식은 상호 배타적이지 않습니다. 많은 강사들이 두 방향성을 적절히 조합해 자신만의 강의 포트폴리오를 만들어가고 있습니다. 중요한 것은 무작정 확장하는 것이 아니라 자신의 전문성과 수강생들의 니즈를 고려해 단계적으로 확장해 나가는 것입니다. 이러한 체계적인 확장은 강사로서의 전문성을 더욱 공고히 하는 동시에 수강생들에게도 더 나은 가치를 제공할 수 있게 해 줄 것입니다.

여러분은 어떤 방향으로 강의를 확장해 나가고 싶으신가요?

# 현업 웹소설 작가로서 예비 작가를 위한
# 다회차 강의를 제공하는 선배님

태린 작가 hanjia4428@yunsol.mail.kakaowork.com
9년차 웹소설 작가
저서: 『부디, 나의 죽음을 잊어주세요.』, 『귀환했더니 신이 되었다.』 외 다수

**Q. 간단한 소개를 부탁드립니다.**

**A.** 웹소설 작가이자 강사로 활동하고 있는 태린입니다. 첫 작품을 낸 지 9년, 강사로 활동한 지는 3년이 되어갑니다. 로맨스, 판타지, BL 등 다양한 장르를 아우르며 작품을 발표해 왔고, 현재는 다양한 기관과 교육 프로그램에서 강의를 진행하고 있습니다. 특히, 다회차 정규 과정을 통해 초보 작가들이 데뷔하기까지의 전 과정을 체계적으로 지도하는 데 주력하고 있습니다.

**Q. 현직 웹소설 작가로서 창작 활동과 강의를 병행하게 된 계기는 무엇인가요?**

**A.** 제가 웹소설 작가로 데뷔했을 때는 이 시장이 막 형성되던 시기였습니다. 지금처럼 체계적인 시스템이나 정보도 없었고, 작가들을 보호해 줄 장치도 많지 않았죠. 시장이 크게 성장했지만, 여전히 정보의 불균형은 존재합니다. 그래서 '누군가는 이들에게 제대로 된 정보를 전달해야 하지 않을까?' 하는 생각이 들었어요. 처음에는 단순히 정보 전달에 초점을 맞췄다면, 이제는 한 사람의 작가가 탄생하는 전 과정을 함께하는 멘토가 되고자 노력하고 있습니다. 최근에는 제가 가르친 수강생들 중 여러 명이 실제로 데뷔에 성공했고, 그들이 더 큰 성공을 이루는 모습을 보면서 큰 보람을 느끼고 있습니다. 이런 순간들은 제가

계속해서 강의를 이어가는 원동력이 되고 있습니다.


**Q. 일반인들에게 생소한 분야인 웹소설 강의를 할 때 어려운 점은 무엇인가요?**

**A.** 가장 큰 어려움은 체계화된 교재나 표준화된 커리큘럼이 없다는 점입니다. 웹소설 분야는 아직 역사가 길지 않다 보니 검증된 정보를 찾기가 쉽지 않습니다. 그래서 최대한 객관적인 정보를 전달하기 위해 여러 강사와 작가, 출판사 관계자들과 지속적으로 소통하면서 업계의 공통된 의견을 중심으로 수업을 구성합니다. 아울러 매 기수 수강생들의 피드백을 받아 자료를 보완하고, 현업에서 활동하는 분들의 조언을 반영해 커리큘럼을 개선하면서 나름의 체계를 만들어가고 있습니다.


**Q. 다회차로 진행하는 강의가 많다고 알고 있습니다. 커리큘럼을 구성할 때 특별히 고려하는 점은 무엇인가요?**

**A.** 다회차 강의의 목표는 단순한 지식 전달이 아닌, 한 분야의 전문가를 키워내는 것입니다. 단기 강의가 특정 주제를 집중적으로 다룬다면, 장기 커리큘럼은 전문가로 성장하는 전 과정을 순차적으로 경험하도록 구성됩니다. 따라서 다회차 강의의 핵심은 체계적인 단계 설정이라고 할 수 있습니다. 수강생들이 전혀 모르는 상태에서 시작해 실제 결과물을 만들어내기까지 마치 건물을 짓듯 기초부터 차근차근 쌓아가는 것이 중요합니다.

첫 번째 단계에서는 해당 분야의 기본 개념과 전체적인 지형도를 그리는 데 집중합니다. 수강생들이 취미나 관심으로는 접해 봤더라도, 전문가의 관점에서 이해하는 것은 전혀 다른 문제이기 때문입니다.

두 번째 단계에서는 실제 기술과 노하우를 전수합니다. 이론과 실습을 병행하면서 현장에서 실제로 필요한 스킬들을 배우게 되는데, 특히 실무에서 자주 발생하는 문제들과 그 해결 방법을 중점적으로 다루죠.

세 번째 단계는 기획력을 키우는 것입니다. 아무리 실력이 좋아도 기획이 잘못되면 성공하기 어렵습니다. 시장 분석부터 시작해서 소비자의 니즈 파악, 차별화 포인트 찾기, 전체적인 구성 방법 등을 배웁니다. 이 과정에서 실제 성공 사례들을 분석하며 실전 감각을 키우죠.

마지막으로는 실제 결과물을 만들고 시장에 선보이는 단계로 나아갑니다. 포트폴리오 제작부터 시작해서 실전 진출까지 현장에서 필요한 실무적인 내용들을 꼼꼼히 다룹니다.

**Q. 강의의 특성상 과제와 피드백이 중요할 것 같은데요. 회차별 과제의 난이도나 양을 조절하는 기준은 무엇인가요? 또 과제 피드백은 어떤 방식으로 진행하시나요?**

**A.** 과제와 피드백은 다회차 강의의 핵심이라고 할 수 있습니다. 단순히 강의를 듣는 것만으로는 실력이 늘지 않기 때문이죠. 하지만 동시에 너무 부담스러운 과제를 수강생들의 학습 의욕을 저하할 수 있어, 균형을 맞추는 것이 매우 중요합니다. 저는 과제를 설계할 때 세 가지 원칙을 지킵니다.

> 첫째, 1시간 이내에 완성할 수 있는 분량
> 둘째, 해당 주차의 수업 내용과 직접적으로 연관된 주제
> 셋째, 다음 수업에서 실질적으로 활용할 수 있는 내용

특히, 중요하게 생각하는 것은 실전 연습입니다. 이론적인 과제보다는 실제 현장에서 필요한 실무 중심의 과제를 선호합니다. 예를 들어, 웹소설의 경우, 실제 원고나 시놉시스 작성에 더 많은 시간을 투자하도록 유도하죠.

피드백 방식도 매우 중요합니다. 개별 피드백과 함께 전체 피드백도 진행합니다. 좋은 사례나 공통적으로 나타나는 문제점을 공유하며, 수강생들이 서로의

경험에서도 배울 수 있도록 합니다. 때로는 수강생의 개성이나 장점을 살리는 방향으로 조언하기도 하고요. 물론 이런 과제와 피드백 시스템을 운영하는 것은 쉽지 않습니다. 많은 시간과 노력이 필요하죠. 하지만 더 효율적이고 체계적인 시스템을 만들기 위해 앞으로도 계속해서 발전시켜 나갈 예정입니다.

**Q. 강의 진행 중 예상치 못한 상황이 발생하면 어떻게 대처하시나요?**

**A.** 강의를 하다 보면 다양한 상황이 발생합니다. 특히, 다회차 강의는 기간이 길다 보니 중도 포기, 진도 차이, 수강생 간의 갈등 등 많은 변수가 생기기 마련이죠.

**❶ 중도 포기**

저는 반드시 포기하는 이유를 확인하려 합니다. 개인적인 사정이 있다면 어쩔 수 없지만, 강의와 관련된 문제라면 상세히 파악하여 개선점을 찾습니다. 때로는 이러한 과정이 전체 강의의 질을 높이는 계기가 되기도 했습니다.

**❷ 수준 차이**

수준 차이가 발생하는 것은 자연스러운 현상입니다. 저는 이를 보완하기 위해 개인 피드백 시간을 충분히 확보합니다. 수업 시간 외에도 SNS나 이메일을 통해 질문을 받고, 필요한 경우 보충 자료를 제공하기도 합니다.

**❸ 종합적 대책**

저는 매 기수 커리큘럼을 리뉴얼합니다. 이전 기수에서 발생했던 문제점들을 분석하고, 수강생들의 피드백을 반영하여 더 나은 강의를 만들어가려고 노력하죠. 특히, 수준 차이가 크게 발생했던 부분은 보완 자료를 준비하거나 난이도를 조절하는 등의 방법으로 개선합니다.

**Q. 작가님께서 생각하는 좋은 강사는 어떤 사람인가요?**

**A.** 처음 정규 강의를 제안받았을 때는 '과연 내게 강의를 할 자격이 있을까?' 하는 생각이 들어 고민했습니다. 하지만 시장 조사와 연구를 통해 깨달은 사실이 있습니다. 좋은 실무자가 되는 것과 좋은 강사가 되는 것은 별개의 영역이라는 점입니다.

제가 생각하는 좋은 강사의 첫 번째 조건은 '겸손'입니다. 자신이 아는 분야에 대해서만 강의하고, 모르는 것을 솔직히 인정할 줄 알아야 합니다.

두 번째는 '지속적인 학습 의지'입니다. 강사가 된다는 것은 끊임없이 공부해야 한다는 의미입니다. 시장은 계속 변화하고, 새로운 정보들이 쏟아져 나옵니다. 이러한 변화를 놓치지 않고 따라가려면 강사 자신이 먼저 열심히 공부해야 합니다.

세 번째는 '진정성'입니다. 수강생들은 강사의 진심을 알아봅니다. 단순히 돈을 벌기 위해서가 아니라 진정으로 그들의 성장을 돕고 싶어 하는 마음이 있어야 합니다. 수강생의 작은 진전에도 진심으로 기뻐할 수 있어야 하죠.

마지막은 '책임감'입니다. 강사의 한마디가 수강생의 인생에 큰 영향을 미칠 수 있다는 것을 항상 명심해야 합니다. 검증되지 않은 정보를 함부로 전달하거나 무책임한 조언을 하는 것은 금물입니다.

결국 좋은 강사란, 수강생들이 자신의 꿈을 이루어가는 과정에서 신뢰할 수 있는 안내자가 되어 주는 사람이라고 생각합니다.

# 두드려라, 그러면 열릴 것이다

"구슬이 서 말이라도 꿰어야 보배"라고들 하지요?

아무리 귀하고 값진 것을 가지고 있다고 하더라도 제대로 활용할 줄 모른다면 가치가 떨어질 수밖에 없습니다.

이 책을 쓰는 동안 정말 많은 분들을 만났습니다. 언젠가는 꼭 강의나 강연을 해 보고 싶다고 말하는 분들에게, "지금 시작해 보는 건 어떨까요?"라고 하면 열에 아홉은 이런 말들이 돌아왔습니다.

"아직 저는 준비가 되지 않은 것 같아요."
"일단 좀 더 공부하고 시작해 보려고요."
"다른 강사님들에 비하면 부족한 게 많아서요."

하지만 과연 그럴까요?
정말 '준비된 시작'이나 '완벽한 출발'이라는 것이 있을까요?

스티브 잡스가 애플을 창업했을 때도, 정주영 회장이 현대를 시작했을 때도, 그들이 '완벽하게 준비된' 상태는 아니었습니다. 하지만 그들은 시작했고, 그 시작을 통해 대단한 결과물을 만들어내는 데 성공했지요.

어쩌면 우리에게 가장 필요한 것은 '완벽한 준비'가 아니라 '시작할 용기'인지도 모릅니다.

토머스 에디슨은 전구를 발명하기까지 수천 번의 실패를 거듭했다고 합니다. 그의 조수가 "이제 그만두시는 것이 어떨까요? 이미 천 번도 넘게 실패했는데요."라고 말하자, 에디슨은 이렇게 대답했다고 합니다.

"나는 천 번의 실패를 한 것이 아니라 전구를 만드는 방법 중에서 작동하지 않는 천 가지를 발견한 거야."

베토벤이 「운명 교향곡」을 작곡했을 때, 그는 이미 거의 들을 수 없는 상태였다고 합니다. 하지만 그는 포기하지 않았습니다. '소리가 들리지 않는다면, 내가 소리를 만들어내면 된다.'고 말하며 작곡을 이어갔지요. 우리도 마찬가지입니다. 지금 내가 처한 상황이, 지금까지의 경험이 완벽하지 않다고 느껴지거나 심지어 모자란다는 생각이 들더라도 스스로 기회를 만들어내야 합니다.

"두드려라, 그러면 열릴 것이다."

이 오래된 지혜는 지금도 여전히 유효합니다.
문을 두드리지 않으면, 그 문이 열릴 기회조차 사라집니다.

강연과 강의의 문도 마찬가지입니다. 여러분이 그 문을 두드리지 않는다면, 누군가에게 도움이 될 수 있는 당신의 소중한 지식과 경험은 그저 묻혀 버리게 될 것입니다.

지금 이 순간에도 여러분의 경험과 지식, 통찰이 필요한 사람들이 여러분의 강의를 기다리고 있을 것입니다.

더 이상 망설이지 말고 지금 바로 그 문을 두드려 보세요.
문은 반드시 열릴 것입니다. 그리고 그 문 너머에는 여러분이 상상하지 못했던 더 넓은 세상이 기다리고 있을 테고요.

여러분의 다음 스텝을 응원합니다!

저자 정영은

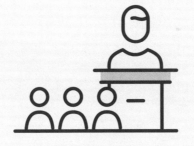

# 지금 당장 강연으로 N잡하라!

| | |
|---|---|
| 초 판 발 행 | 2025년 03월 10일 (인쇄 2025년 02월 19일) |
| 발 행 인 | 박영일 |
| 책 임 편 집 | 이해욱 |
| 저 자 | 정영은 |
| 편 집 진 행 | 이미림 · 김하연 |
| 표 지 디 자 인 | 조혜령 |
| 편 집 디 자 인 | 임아람 · 김휘주 |
| 발 행 처 | 시대인 |
| 공 급 처 | (주)시대고시기획 |
| 출 판 등 록 | 제10-1521호 |
| 주 소 | 서울시 마포구 큰우물로 75 [도화동 538 성지 B/D] 9F |
| 전 화 | 1600-3600 |
| 팩 스 | 02-701-8823 |
| 홈 페 이 지 | www.sdedu.co.kr |

| | |
|---|---|
| I S B N | 979-11-383-8565-7 (13320) |
| 정 가 | 17,000원 |

※ 이 책은 저작권법의 보호를 받는 저작물이므로 동영상 제작 및 무단전재와 배포를 금합니다.
※ 잘못된 책은 구입하신 서점에서 바꾸어 드립니다.
※ '시대인'은 종합교육그룹 '(주)시대에듀'의 단행본 브랜드입니다.